Seth Warner

Fundamentos de concurrencia en Python

Una guía práctica para subprocesamiento, multiprocesamiento y programación paralela

Primera edición publicada en 2026.

ÍNDICE DE CONTENIDO

Capítulo 1

Introducción: configuración del entorno Python para programación paralela

Por qué es importante la programación paralela en Python

Python es uno de los lenguajes de programación más populares hoy en día, utilizado en desarrollo web, ciencia de datos, automatización, aprendizaje automático y más. Pero a medida que tus programas se vuelven más complejos (al procesar grandes conjuntos de datos, gestionar múltiples usuarios o realizar cálculos complejos), te toparás con un obstáculo:**velocidad**.

Se ejecuta un programa Python normal*secuencialmente*—Una tarea a la vez. Imagina descargar 100 imágenes de la web. Sin programación paralela, tu script espera a que cada imagen termine antes de iniciar la siguiente. Eso es lento.

Programación paralelale permite ejecutar múltiples tareas*al mismo tiempo*, utilizando múltiples núcleos de CPU o manejando períodos de espera (como demoras en la red) de manera eficiente.

Impacto en el mundo real

Tarea	Tiempo secuencial	Tiempo paralelo	Aceleración
Descargando 100 archivos	100 segundos	~10–15 segundos	7–10 x
Procesando 1 millón de entradas de registro	8 minutos	~1 minuto	8x
Entrenamiento de un modelo de aprendizaje automático	2 horas	~20 minutos	6x

En los sistemas de producción:

- Los servidores web manejan miles de usuarios**simultáneamente**.
- Las canalizaciones de datos procesan terabytes**en paralelo**.
- Las simulaciones científicas se ejecutan en supercomputadoras utilizando**miles de núcleos**.

Python te ofrece dos herramientas potentes para esto:

- **Multihilo**– Ideal para tareas relacionadas con E/S (espera de archivos, redes, bases de datos).

- **Multiprocesamiento**– Paralelismo real para tareas limitadas por la CPU (matemáticas, procesamiento de imágenes).

Este libro enseña ambas cosas. Pero primero, necesitas un entorno adecuado.

Instalación de Python 3.x y entornos virtuales

Necesitas**Python 3.8 o superior**(Se recomienda 3.12).

Ventanas

1. Ir a python.org
2. Descargar **Python 3.12.x**instalador
3. Ejecútalo →**Marque "Agregar Python a PATH"**
4. Haga clic en "Instalar ahora"

Verificar:

intento

```
pitón --versión
```

Debería generar: Python 3.12.x

macOS

Utilice Homebrew (recomendado):

intento

elaborar cervezainstalar python@3.12

O descargar desde python.org

Verificar:

intento
Python3 --versión

Linux (Ubuntu/Debian)

intento
sudoactualización adecuada
sudoapt install python3 python3-venv python3-pip -y

Verificar:

intento
Python3 --versión

¿Por qué entornos virtuales?

A **entorno virtual**Es una configuración aislada de Python. Evita conflictos entre proyectos.

Ejemplo: El proyecto A necesita solicitudes ==2.28, el proyecto B necesita solicitudes ==2.31. Sin aislamiento → caos.

Crear un entorno virtual

intento

```
# Crea una carpeta para tu proyecto
mkdirlibro paralelo de python
cdlibro paralelo de python

# Crear entorno virtual llamado 'venv'
pitón-mvenv venv
```

Activarlo

Ventanas:

intento

```
venv\Scripts\activar
```

macOS / Linux:

intento

```
fuentevenv/bin/activar
```

Verás (venv) en tu terminal.

Instalar paquetes de forma segura

intento

```
pepitasolicitudes de instalación numpy
```

Estos van*solo*en venv, no globalmente.

Desactivar cuando termine

intento

```
desactivar
```

Consejo: Siempre activa tu venv antes de codificar.

Elección y configuración de un IDE: PyCharm (recomendado)

Un **IDE (Entorno de desarrollo integrado)**Le ayuda a escribir, ejecutar y depurar código más rápido.

Te recomendamos**Comunidad de PyCharm** (gratis).

Descargar e instalar

1. Ir a jetbrains.com/pycharm
2. Descargar **Edición comunitaria**
3. Instalarlo

Abra su proyecto

1. Abrir PyCharm
2. Haga clic**"Abierto"**
3. Seleccione su carpeta python-parallel-book

Configurar intérprete

1. Ir a **Archivo → Configuración**(Windows/Linux) o**PyCharm → Preferencias**(Mac OS)
2. **→Proyecto → Intérprete de Python**
3. Haga clic en el icono de engranaje →**Agregar**
4. Seleccionar **Entorno existente**
5. Ruta: carpeta-de-su-proyecto/venv/Scripts/python.exe (Windows) o venv/bin/python (macOS/Linux)

Ahora PyCharm utiliza su entorno aislado.

Crea tu primer archivo

1. Haga clic derecho en el proyecto →**Nuevo** → **Archivo Python**
2. Nombre: setup_test.py

Repaso rápido de Python: Funciones, clases, módulos y decoradores

No es necesario que seas un experto, pero debes sentirte cómodo con esto.

Funciones

pitón

```
definición saludar(nombre):
  devolverf"Hola, {nombre}!"

imprimir(saludar("Alicia"))# Salida: ¡Hola, Alice!
```

- Bloques de código reutilizables
- Aceptar entradas (parámetros)
- Salidas de retorno

Clases (conceptos básicos de programación orientada a objetos)

pitón

```
claseCalculadora:
definición agregar(ser,a,b):
    devolver a + b

cálculo=Calculadora()
```

```
imprimir(calcular.suma(5,3))#8
```

- Plano de objetos
- self se refiere a la instancia
- Los métodos son funciones dentro de las clases.

Módulos

Guarde esto como math_utils.py:

pitón
```
definición cuadrado(incógnita):
  devolverx*x
```

Usar en otro archivo:

pitón
```
importarutilidades matemáticas

imprimir(matemáticas_utils.cuadrado(4))# 16
```

O:

pitón
```
deutilidades matemáticasimportar cuadrado
imprimir(cuadrado(5))# 25
```

Decoradores

Un decorador*envolturas*una función para agregar comportamiento.

pitón
```
definicióntemporizador(función):
  importar tiempo
definiciónenvoltura(*argumentos,**kwargs):
    comenzar =tiempo.tiempo()
```

```
        resultado =función(*argumentos,**(kwargs)
        fin =tiempo.tiempo()
        imprimir(F"{func.__nombre__} tomó
{fin-comenzar:.4f}segundos")
        devolver resultado
    devolverenvoltura

@minutero
definiciónfunción lenta():
    importar tiempo
tiempo.dormir(1)
    devolver "Hecho"

función_lenta()
# Salida: slow_function tardó 1.0021 segundos
#         Hecho
```

Más adelante utilizarás decoradores para cronometrar el código paralelo.

Práctica: Cree su primer script simple para probar la configuración

Vamos a confirmar que todo funciona.

Paso 1: Crear test_setup.py

pitón

```
#prueba_configuración.py
importar tiempo
importarsistema
deutilidades matemáticasimportar cuadrado  # Crearemos esto
a continuación
```

```
definicióncomprobar_versión_de_python():
   imprimir(FVersión de Python:{sys.version.split()[0]}")

definicióndecorador del temporizador de prueba():
definicióntemporizador(función):
definiciónenvoltura(*argumentos,**kwargs):
         comenzar =tiempo.tiempo()
         resultado =función(*argumentos,**(kwargs)
         fin =tiempo.tiempo()
         imprimir(F"{func.__nombre__}ejecutado
en{fin-comenzar:.4f}s")
         devolver resultado
      devolverenvoltura

@timer
definicióntarea de muestra():
tiempo.dormir(0.5)
      devolver"¡Tarea completada!"

   devolvertarea_de_muestra()

definición principal():
   imprimir("=== Prueba de entorno ===")
comprobar_versión_de_python()
   imprimir(F"Cuadrado de 6:{cuadrado(6)}")
   imprimir(temporizador de prueba_decorador())
   imprimir("¡Configuración exitosa! Listo para programación
paralela.")

si __nombre__ == "__principal__":
   principal()
```

Paso 2: Crear math_utils.py

En la misma carpeta:

```
pitón
#matemáticas_utils.py
definición cuadrado(incógnita):
```

```
    devolverx*x

definicióncubo(incógnita):
    devolverx*x*x
```

Paso 3: Ejecútalo

En PyCharm:

- Haga clic derecho en test_setup.py →**Correr**

O en la terminal (con venv activado):

```
intento
pitónprueba_configuración.py
```

Resultado esperado:

```
texto
=== Prueba de entorno ===
Versión de Python: 3.12.x
Cuadrado de 6:36
sample_task se ejecutó en 0,5012 s
¡Tarea completada!
¡Configuración exitosa! Listo para programación paralela.
```

Si ves esto → tu entorno es perfecto.

Errores comunes que se deben evitar

Error	Arreglar

Olvidar activar venv	Ejecute siempre el código fuente venv/bin/activate (o el equivalente de Windows)
Instalación de paquetes globalmente	Utilice pip install*adentro*venv activado
Intérprete de Python incorrecto en el IDE	Verifique que PyCharm use venv/.../python
Ejecutar script fuera de la carpeta del proyecto	Mantenga los archivos .py dentro de su proyecto
Usar Python en lugar de Python3 en macOS/Linux	Utilice python3 y pip3

Resumen: Conclusiones clave

1. **Programación paralela = velocidad**para tareas de E/S y CPU.
2. Instalar **Python 3.12+** con **entornos virtuales**para aislamiento.
3. Usar **Comunidad de PyCharm**para codificación y depuración inteligente.
4. Maestro **funciones, clases, módulos, decoradores**—Son bloques de construcción.
5. Pruebe su configuración con un script que funcione antes de continuar.

Ahora tienes un**entorno Python de nivel profesional**Listo para multihilo y multiprocesamiento.

Ejercicios de práctica

1. **Ejercicio 1:**Modifique test_setup.py para incluir la función cube() de 501 desde math_utils.py. Imprima el cubo de 5.
2. **Ejercicio 2:**Agregue un nuevo decorador @log que imprima el nombre de la función y los argumentos antes de ejecutarse.
3. **Desafío:**Escriba un guión que:
   - Crea un entorno virtual (utilizando subproceso)
   - Instala solicitudes
   - Descarga una página web (Avanzado—sugerencia: use subprocess.run())

Siguiente capítulo: Aprenderás la diferencia entre*concurrencia* y *paralelismo*—y por qué Python se comporta de manera diferente a C++ o Java.

Estás listo. ¡Vamos en paralelo!

Capítulo 2

Concurrencia vs. Paralelismo: Comprender los fundamentos

Definición de concurrencia y paralelismo

Comencemos con una analogía sencilla.

El chef en la cocina

Imagina que eres un chef preparando una comida con tres tareas:

1. **Hervir agua**(10 minutos)
2. **Picar verduras**(5 minutos)
3. **Marinar el pollo**(15 minutos)

Secuencial (uno a la vez)

Haces una tarea y luego la siguiente:

texto
```
0 minutos 10 minutos 15 minutos 30 minutos
|----------|----------|----------|
Hervir, picar y marinar
```

Tiempo total: 30 minutos

Concurrente (Cambio de tareas)

Empiezas a hervir el agua, luego**mientras se calienta**, se pica y se deja marinar.

texto

```
0 minutos 5 minutos 10 minutos 15 minutos
|----------|----------|----------|
Hervir -----> (agua lista)
Picar --> Marinar -->
```

Tiempo total: 15 minutos

No aceleraste ninguna tarea en particular, pero...**superpuesto** a ellos.

Esto es **concurrencia**.

Paralelismo: múltiples chefs

Ahora imagina**tres chefs**, cada uno haciendo una tarea**al mismo tiempo**:

texto

```
0 minutos 15 minutos
|----------|
Hervir (Chef 1)
Picar (Chef 2)
Marinar (Chef 3)
```

Tiempo total: 15 minutos— pero ahora las tareas son**verdaderamente simultáneo**.

Esto es **paralelismo**.

Diagrama visual: concurrencia vs. paralelismo

texto

CONCURRENCIA (CPU única)

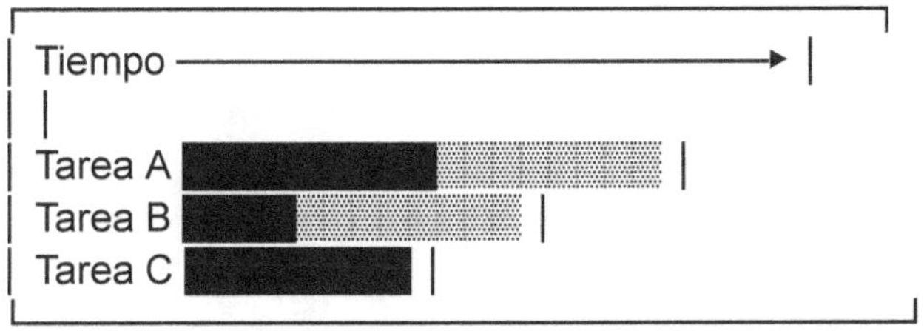

(Alternar entre tareas)

PARALELISMO (Varias CPU)

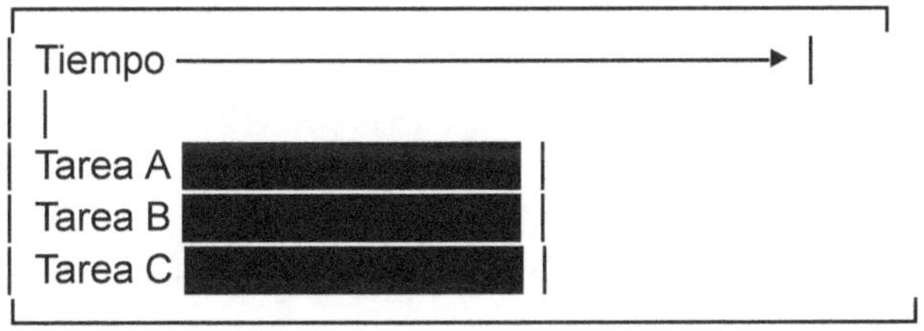

(Corriendo al mismo tiempo)

Diferencia clave:

- **Concurrencia**=*Cambio de tareas*(un núcleo, múltiples tareas)
- **Paralelismo**=*Ejecución simultánea real*(múltiples núcleos)

Ejemplo de código: secuencial vs. concurrente

pitón

```
# secuencial.py
importar tiempo
```

```
definicióntarea1():
   imprimir("Tarea 1: Empezar a hervir agua...")
tiempo.dormir(3)# Simular espera de E/S
   imprimir(Tarea 1: Agua hervida)

definicióntarea2():
   imprimir("Tarea 2: Picar verduras...")
tiempo.dormir(2)
   imprimir(Tarea 2: Verduras picadas)

definicióntarea3():
   imprimir("Tarea 3: Marinar el pollo...")
tiempo.dormir(4)
   imprimir(Tarea 3: Pollo marinado)

comenzar =tiempo.tiempo()
tarea1()
tarea2()
tarea3()
imprimir(F"Tiempo total:{tiempo.tiempo()- comenzar:.2f}s")
```

Producción:

```
texto
Tarea 1: Empezar a hervir agua...
Tarea 1: Agua hervida
Tarea 2: Picar verduras...
Tarea 2: Verduras picadas
Tarea 3: Marinar pollo...
Tarea 3: Pollo marinado
Tiempo total: 9,00 s
```

Ahora, **versión concurrente**usando subprocesos:

```
pitón
# concurrente.py
importarenhebrado
importar tiempo
```

```
definicióntarea1():
   imprimir("Tarea 1: Empezar a hervir agua...")
tiempo.dormir(3)
   imprimir(Tarea 1: Agua hervida)

definicióntarea2():
   imprimir("Tarea 2: Picar verduras...")
tiempo.dormir(2)
   imprimir(Tarea 2: Verduras picadas)

definicióntarea3():
   imprimir("Tarea 3: Marinar el pollo...")
tiempo.dormir(4)
   imprimir(Tarea 3: Pollo marinado)

comenzar =tiempo.tiempo()
t1=enhebrado.Thread(objetivo=tarea1)
t2=enhebrado.Thread(objetivo=tarea2)
t3=enhebrado.Thread(objetivo=tarea3)

t1.inicio()
t2.inicio()
t3.inicio()

t1.join()
t2.join()
t3.join()

imprimir(F"Tiempo total:{tiempo.tiempo()- comenzar:.2f}s")
```

Producción:

```
texto
Tarea 1: Empezar a hervir agua...
Tarea 2: Picar verduras...
Tarea 3: Marinar pollo...
Tarea 1: Agua hervida
Tarea 2: Verduras picadas
```

Tarea 3: Pollo marinado
Tiempo total: 4,01 s

Aceleración: ~9 s → ~4 s

Tareas superpuestas durante la suspensión() (E/S simulada)

Cuándo usar cada uno: tareas limitadas por E/S vs. tareas limitadas por CPU

Tipo de tarea	Ejemplo	La mejor herramienta	Por qué
Limitado a E/S	Solicitudes web, lectura de archivos, consultas a bases de datos	**Enhebrado**	Esperando = CPU inactiva → cambiar tareas
Limitado por la CPU	Matemáticas, procesamiento de imágenes y entrenamiento en ML	**Multiprocesamiento**	Necesita potencia de CPU real → use todos los núcleos

---

Ejemplo de E/S-Bound: descarga de archivos

pitón

```
# io_bound.py
importarsolicitudes
```

```
importar tiempo

URL=[
"https://httpbin.org/delay/2",
"https://httpbin.org/delay/1",
"https://httpbin.org/delay/3"
]

definición descargar(URL):
   imprimir(F"Descargando{URL}")
   respuesta =solicitudes.get(url)
   imprimir(F"Hecho: {URL}")

# Secuencial
comenzar =tiempo.tiempo()
paraURLenURL:
descargar(url)
imprimir(F"Secuencial:{tiempo.tiempo()- comenzar:.2f}s")

# Concurrente (subprocesos)
importarenhebrado
comenzar =tiempo.tiempo()
hilos=[]
paraURLenURL:
el=enhebrado.Thread(objetivo=descargar, argumentos=(URL,))
t.start()
hilos.append(t)

paraelenhilos:
t.join()
imprimir(F"Enhebrado:{tiempo.tiempo()- comenzar:.2f}s")
```

Resultado:

```
texto
Secuencial: ~6 segundos
Enhebrado: ~3 segundos
```

Retraso de red = perfecto para**concurrencia**

Ejemplo limitado por la CPU: Comprobación de números primos

pitón

```
# cpu_bound.py
importar matemáticas
importar tiempo

definiciónes_primo(norte):
   sien<=1:
      devolver FALSO
   para i en rango(2,entero(matemática.sqrt(n))+1):
      sien% i ==0:
         devolver FALSO
   devolver Verdadero

números=[999999937,999999929,999999893,999999883]#
Primos grandes

# Secuencial
comenzar =tiempo.tiempo()
paraenennúmeros:
   imprimir(F"{norte}:{es_primo(n)}")
imprimir(F"Secuencial:{tiempo.tiempo()- comenzar:.2f}s")

# Prueba a enhebrar (¡no te ayudará!)
importarenhebrado
comenzar =tiempo.tiempo()
hilos=[]
paraenennúmeros:
el=enhebrado.Thread(objetivo=lambdax=n:imprimir(F"{incógnit
a}:{es_primo(x)}"),argumentos=())
t.start()
hilos.append(t)
paraelenhilos:
t.join()
imprimir(F"Enhebrado:{tiempo.tiempo()- comenzar:.2f}s")
```

Resultado:

```texto
Secuencial: ~1,2 s
Subprocesos: ~1,3 s (¡un poco más lento!)
```

> ¿Por qué? **GIL de Python**(siguiente sección)

Limitaciones de Python: El bloqueo del intérprete global (GIL)

¿Qué es el GIL?

Python (CPython) tiene una**Bloqueo de intérprete global**.

- Solo **un hilo**ejecuta código de bytes de Python a la vez.
- Incluso en una CPU de 16 núcleos,**solo un hilo ejecuta el código Python**a la vez.

```texto
Hilo 1: ████░░░░░░░░
Hilo 2: ████░░░░
Hilo 3: ████
```

> Hilos**turnarse**—No hay paralelismo real en el código Python puro.

¿Cuándo se aplica GIL?*No* ¿Asunto?

Caso	¿GIL liberado?	¿Paralelo?

tiempo.sueño()	Sí	Sí (E/S)
Operaciones de archivo/red	Sí	Sí
Extensiones de C (numpy, pandas)	A menudo	Sí
Bucles matemáticos de Python puro	No	No

Demostración de impacto de GIL

pitón

```
#gil_demo.py
importarenhebrado
importar tiempo

definicióncontar_hasta_millones():
   total =0
   para i en rango(1_000_000):
      total +=1
   devolver total

# Secuencial
comenzar =tiempo.tiempo()
contar_hasta_millones()
contar_hasta_millones()
imprimir(F"Secuencial:{tiempo.tiempo()- comenzar:.2f}s")

# Subprocesos (GIL bloquea el paralelismo)
comenzar =tiempo.tiempo()
t1=enhebrado.Thread(objetivo=contar_hasta_millones)
t2=enhebrado.Thread(objetivo=contar_hasta_millones)
t1.inicio()
t2.inicio()
t1.join()
```

```
t2.join()
imprimir(F"Enhebrado:{tiempo.tiempo()- comenzar:.2f}s")
```

Producción:

```
texto
Secuencial: 0,18 s
Enhebrado: 0,35 s ← ¡MÁS LENTO!
```

El uso de subprocesos perjudica las tareas limitadas por la CPU en Python

---

Solución: Multiprocesamiento

```
pitón
# multiprocesamiento_demo.py
demultiprocesamientoimportar Proceso

definicióncontar_hasta_millones():
   total =0
   para i en rango(1_000_000):
      total +=1
   imprimir("Hecho un recuento")

si __nombre__ == "__principal__":
   comenzar =tiempo.tiempo()
p1= Proceso(objetivo=contar_hasta_millones)
pág. 2= Proceso(objetivo=contar_hasta_millones)
p1.inicio()
p2.inicio()
p1.join()
p2.join()
   imprimir(F"Multiprocesamiento:{tiempo.tiempo()-
comenzar:.2f}s")
```

Salida (en doble núcleo):

texto
Hecho un recuento
Hecho un recuento
Multiprocesamiento: 0,10 s ← ¡~2 veces más rápido!

Cada proceso obtiene su propio intérprete de Python y memoria.→No compartir GIL

Errores comunes para principiantes (y cómo evitarlos)

Trampa	Por qué sucede	Arreglar
Uso de subprocesos para tareas de CPU	El mito de que "más hilos = más velocidad"	Utilice multiprocesamiento para matemáticas
Olvidando join()	El programa sale antes de que finalicen los subprocesos	Siempre join() después de start()
Modificar datos compartidos sin bloqueos	Condiciones de carrera	Utilice threading.Lock() (capítulo posterior)

Uso de subprocesos para descargas de archivos a pequeña escala	Gastos generales > beneficio	Pruebe primero con timeit
Ejecutar multiprocesamiento en Windows sin if __name__ == "__main__":	Error de tiempo de ejecución	Requerido en Windows

---

Práctica: Comparación de tiempos de ejecución secuencial y concurrente

Vamos a construir una**conjunto de referencia real**.

Estructura del proyecto

texto

```
capítulo 2/
├── io_bound_benchmark.py
├── punto de referencia de límite de CPU.py
└── utilidades/
└── descargador.py
```

---

1. utilidades/downloader.py

pitón

```
# utilidades/downloader.py
importarsolicitudes
```

```
demecanografíaimportar Lista

definiciónURL de descarga(URL:cadena) ->cadena:
   intentar:
      respuesta =solicitudes.get(url,se acabó el tiempo=10)
      devolverf"{URL}:{solo(respuesta.contenido)}bytes"
   excepto Excepción comoy:
      devolverf"{URL}: ERROR - {y}"
```

---

2. io_bound_benchmark.py

pitón

```
# io_bound_benchmark.py
importar tiempo
importarenhebrado
deutilidades.downloaderimportarURL de descarga

URL=[
"https://httpbin.org/delay/1",
"https://httpbin.org/delay/2",
"https://httpbin.org/delay/1",
"https://httpbin.org/delay/3",
]

definicióndescargas secuenciales():
   resultados =[]
   paraURLenURL:
resultados.append(descarga_url(url))
   devolver resultados

definicióndescargas concurrentes():
   resultados =[Ninguno]*solo(URL)
hilos=[]

definicióntrabajador(no me importa,URL):
resultados[idx]=URL de descarga (URL)

   parayo, urlenenumerar(URL):
```

```
el=enhebrado.Thread(objetivo=trabajador,argumentos=(yo, url))
t.start()
hilos.append(t)

   paraelenhilos:
t.join()

   devolver resultados

si __nombre__ == "__principal__":
   imprimir("=== Punto de referencia de E/S ===\norte")

   comenzar =tiempo.tiempo()
resultados_seq=descargas_secuenciales()
tiempo_secuencia=tiempo.tiempo()- comenzar
   imprimir(F"Secuencial:{tiempo_secuencia:.2f}s")

   comenzar =tiempo.tiempo()
resultados de concentración=descargas_concurrentes()
tiempo de concentración=tiempo.tiempo()- comenzar
   imprimir(F"Concurrente:{tiempo de concentración:.2f}s")

   imprimir(F"\norteAceleración:{tiempo_secuencia/tiempo de
concentración:.2f}incógnita")
   imprimir("\norteLos resultados coinciden:",
resultados_seq==conc_resultados)
```

Ejecútalo:

```
intento
pitónpunto de referencia io_bound_benchmark.py
```

Esperado:

```
texto
Secuencial: 7,10 s
Concurrente: 3,15 s
Aceleración: 2,25x
```

3. cpu_bound_benchmark.py

pitón

```
# punto de referencia de límite de CPU.py
importar tiempo
importarenhebrado
demultiprocesamientoimportar Proceso
importar matemáticas

definiciónes_primo(norte):
    sien<=1:
        devolver FALSO
    sien<=3:
        devolver Verdadero
    sien%2==0 oen%3==0:
        devolver FALSO
    i =5
    mientras i * i <=n:
        sien% i ==0 oen% (i +2)==0:
            devolver FALSO
        i +=6
    devolver Verdadero

NÚMEROS=[112272535095293,112582735095293,112272535
095293,115280095295293]

definicióncheck_prime_sequential():
    devolver[es_primo(n)paraenenNÚMEROS]

definicióncomprobar_subproceso_principal():
    resultados =[Ninguno]*solo(NÚMEROS)
hilos=[]

definicióntrabajador(i,norte):
resultados[i]=es_primo(n)

    para en enenumerar(NÚMEROS):
el=enhebrado.Thread(objetivo=trabajador,argumentos=(en))
```

```
t.start()
hilos.append(t)

   paraelenhilos:
t.join()
   devolver resultados

definicióncheck_prime_multiprocesamiento():
   resultados =[Ninguno]*solo(NÚMEROS)
procesos=[]

definicióntrabajador(i,norte,lista_de_resultados):
lista_de_resultados[i]=es_primo(n)

   gerente = __importar__('multiprocesamiento').Gerente()
resultados
compartidos=gerente.lista([Ninguno]*solo(NÚMEROS))

   para en enenumerar(NÚMEROS):
      pag = Proceso(objetivo=trabajador,argumentos=(i, n,
resultados_compartidos))
p.inicio()
procesos.append(p)

   para pag enprocesos:
p.join()

   devolver lista(resultados_compartidos)

si __nombre__ == "__principal__":
   imprimir("=== Prueba de rendimiento limitada por CPU
===\norte")

# Secuencial
   comenzar =tiempo.tiempo()
seq_res=check_prime_sequential()
   imprimir(F"Secuencial:{tiempo.tiempo()- comenzar:.2f}s")

# Subprocesos
   comenzar =tiempo.tiempo()
```

```
resolución del hilo=comprobar_primer_subproceso()
  imprimir(F"Enhebrado:{tiempo.tiempo()- comenzar:.2f}s")

# Multiprocesamiento
  comenzar =tiempo.tiempo()
mp_res=check_prime_multiprocessing()
  imprimir(F"Multiprocesamiento:{tiempo.tiempo()-
comenzar:.2f}s")

  imprimir(F"\norteResultados

coincidentes:{seq_res==resolución del hilo==mp_res}")
```

Esperado (en CPU de 4 núcleos):

```
texto
Secuencial: 2,10 s
Enhebrado: 2,15 s
Multiprocesamiento: 0,60 s
```

El multiprocesamiento gana en grande en las tareas de CPU

Aplicaciones en el mundo real

Dominio	Tarea	Usar
Web Scraping	10.000 URL	Enhebrado
Proceso de datos	CSV → BD	Subprocesamiento (E/S)

Cambio de tamaño de la imagen	1.000 fotos	Multiprocesamiento
Limitación de velocidad de API	100 solicitudes/se g	Subprocesos + Cola
Servidor de juegos	1.000 jugadores	Subprocesos por conexión

Resumen: Conclusiones clave

1. **Concurrencia**= superposición de tareas → excelente para**Limitado a E/S**.
2. **Paralelismo**= verdadera ejecución simultánea → necesidades**múltiples núcleos**.
3. **GIL de Python**bloquea el paralelismo de la CPU en los subprocesos.
4. Usar **enhebrado**para esperar (archivos, red).
5. Usar **multiprocesamiento**Para matemáticas pesadas.
6. Siempre **punto de referencia**— No asuma la velocidad.
7. Utilice join() y proteja el punto de entrada con if __name__ == "__main__".

Ejercicios de práctica

Ejercicio 1: Temporizador de E/S

Escriba un guión que:

- Descarga 5 imágenes de gatos al azar de https://cataas.com/cat (usa /cat/says/hello)
- Compara el tiempo secuencial y el tiempo de subprocesamiento
- Guarda imágenes como cat_1.jpg, etc.

Ejercicio 2: Calculadora de CPU Pi

Aproximación de π mediante Monte Carlo:

pitón

```
importaraleatorio
puntos=1_000_000
adentro = suma(1 para_en
rango(puntos)sialeatorio.aleatorio()**2+aleatorio.aleatorio()**2<
=1)
pi ≈4* adentro /puntos
```

Comparar:

- Secuencial
- Enhebrado
- Multiprocesamiento

Desafío: Tubería híbrida

Construir una tubería:

1. **Hilo 1**:Generar 100 números aleatorios
2. **Hilo 2**: Verificar si es principal (enviar vía cola.Cola)
3. **Principal**: Imprimir resultados

Prima:Añadir cálculo de tiempo y aceleración.

Siguiente capítulo:Te sumergirás en**enhebrado**— crear, administrar y sincronizar subprocesos de forma segura.

Tú ahora**comprender la base**Vamos a seguir construyendo sobre ello.

Capítulo 3

Introducción a los subprocesos: sus primeros pasos en Python multiproceso

Conceptos básicos del módulo de subprocesos: creación e inicio de subprocesos

El módulo de subprocesos de Python es su punto de entrada a**ejecución concurrente**. A **hilo**es un subproceso ligero que se ejecuta*dentro*Su programa principal. Varios subprocesos comparten memoria y pueden ejecutarse.**al mismo tiempo**— Perfecto para tareas relacionadas con E/S, como esperar archivos o respuestas web.

Creando un hilo

Hay **dos maneras**Para crear un hilo:

Método 1: Usar Thread(target=function)

pitón

```
# hilo_básico.py
```

```
importarenhebrado
importar tiempo

definicióntrabajador():
    imprimir("Hilo de trabajo iniciando...")
tiempo.dormir(2)
    imprimir("Hilo de trabajo terminado.")

# Crear un hilo
el=enhebrado.Thread(objetivo=obrero)

# Inicialo
t.start()

imprimir("El hilo principal continúa...")
```

Producción:

```
texto
El hilo principal continúa...
Hilo de trabajo iniciando...
Hilo de trabajo terminado.
```

> El hilo principal**no espera**—Continúa inmediatamente.

Método 2: Subclasificación de subprocesos

```
pitón
#subclase_hilo.py
importarenhebrado
importar tiempo

claseHilo de trabajo(enhebrado.Hilo):
definición correr(ser):
      imprimir(F"Hilo {ser.nombre} a partir de...")
tiempo.dormir(2)
```

```
    imprimir(F"Hilo {ser.nombre} hecho.")


#Crear y empezar
el=Hilo de trabajo()
t.start()

imprimir("El hilo principal continúa...")
```

Usar **Método 1**Para casos sencillos. Utilizar**subclasificación**cuando necesita un comportamiento personalizado (por ejemplo, pasar datos, almacenar resultados).

Ejemplo del mundo real: descarga en paralelo

pitón

```
# descargar_threads.py
importarenhebrado
importarsolicitudes

definición descargar(URL,Nombre del archivo):
   imprimir(F"Descargando{URL}... ")
   respuesta =solicitudes.get(url)
   con abierto(Nombre del archivo, "blanco")comof:
f.write(respuesta.contenido)
   imprimir(F"Salvado{Nombre del archivo}")

URL=[
("https://httpbin.org/delay/1","archivo1.html"),
("https://httpbin.org/delay/2","archivo2.html"),
("https://httpbin.org/delay/1","archivo3.html"),
]

hilos=[]
paraURL, nombreenURL:
```

```
el=enhebrado.Thread(objetivo=descargar, argumentos=(url, nombre))
t.start()
hilos.append(t)

#Esperar a que todo termine
paraelenhilos:
t.join()

imprimir("¡Todas las descargas completadas!")
```

> **Aceleración**: ~4 segundos en lugar de ~4+ segundos secuencialmente.

Administración de ciclos de vida de subprocesos: unión, denominación y subprocesos de demonio

join() – Esperar a que el hilo termine

pitón

```
el=enhebrado.Thread(objetivo=obrero)
t.start()
t.join()# El hilo principal espera aquí
imprimir("El trabajador ha terminado. El principal se reanuda.")
```

> **Crítico**:Únete siempre a los hilos que te interesan.

Nombrar subprocesos (para depuración)

```
pitón
t1=enhebrado.Thread(objetivo=trabajador,nombre="Descargad
or-1")
t2=enhebrado.Thread(objetivo=trabajador,nombre="Descargad
or-2")
t1.inicio()
t2.inicio()
```

Producción:

```
texto
Hilo Downloader-1 iniciando...
Hilo Downloader-2 iniciando...
```

> Utilice nombres en los registros para rastrear qué hilo hizo qué.

Hilos de demonio

A **hilo de demonio**se ejecuta en segundo plano y**muere cuando el programa principal sale**.

```
pitón
# daemon_example.py
importarenhebrado
importar tiempo

definicióntarea de fondo():
  mientras Verdadero:
    imprimir("Ejecución en segundo plano...")
tiempo.dormir(1)

# Crear demonio
```

```
el=enhebrado.Thread(objetivo=tarea_de_fondo,demonio=Verdadero)
t.start()

tiempo.dormir(3)
imprimir("Salida principal...")
# El programa finaliza → el demonio muere inmediatamente
```

Úselo para tareas de registro, monitoreo o limpieza.

Resumen del ciclo de vida

Estado	Descripción
Nuevo	Hilo creado, no iniciado
Ejecutable	Después del inicio()
Correr	Ejecutando
Obstruido	Esperando (E/S, bloqueo, suspensión)
Finalizado	Terminado o error

Sincronización simple: compartir datos de forma segura entre subprocesos

Los hilos comparten memoria**peligroso**Si no tienes cuidado.

El problema: la condición de carrera

pitón

```
# condición_de_carrera.py
importarenhebrado

encimera =0

definiciónincremento():
    global encimera
    para_en rango(100_000):
        encimera +=1

hilos=[enhebrado.Hilo(objetivo=incremento)para_en rango(5)]
paraelenhilos:
t.start()
paraelenhilos:
t.join()

imprimir(F"Contador final:{encimera}")# Esperado: 500.000 →
¡a menudo menos!
```

Producción:487231 (varía)

> **Carrera**:Contador de lectura/escritura de varios subprocesos a la vez → actualizaciones perdidas.

Solución: threading.Lock

pitón

```
# bloqueo_fijo.py
importarenhebrado

encimera =0
cerrar =subproceso.Lock()# Un candado para gobernarlos a
todos
```

```
definiciónincremento():
    global encimera
    para_en rango(100_000):
        con cerrar con llave: # Adquirir → modificar → liberar
            encimera +=1

hilos=[enhebrado.Hilo(objetivo=incremento)para_en rango(5)]
paraelenhilos:
t.start()
paraelenhilos:
t.join()

imprimir(F"Contador final:{encimera}")# Ahora: 500.000
```

Bloqueo = mutex(exclusión mutua). Solo un hilo dentro con bloqueo: a la vez.

RLock – Cerradura reentrante

Úselo cuando el mismo hilo necesita adquirir bloqueo varias veces.

pitón

```
cerrar =subproceso.RLock()

definiciónexterior():
    con cerrar con llave:
        imprimir("Adquirido externo")
        interno()

definición interno():
    con cerrar con llave: # OK con RLock, error con Lock
        imprimir("Adquirido interior")
```

---

threading.Event – Señal entre subprocesos

pitón

```
# señal_de_evento.py
importarenhebrado
importar tiempo

evento =subproceso.Evento()

definición mesero():
   imprimir(Camarero: Esperando señal...)
evento.esperar()# Bloques hasta que se establezca()
   imprimir(Camarero: ¡Tengo señal! Reanudando.)

definiciónseñales():
tiempo.dormir(2)
   imprimir("Señales: Enviando señal...")
evento.set()

enhebrado.Thread(objetivo=camarero).start()
enhebrado.Thread(objetivo=señales).start()
```

Uso para**iniciar/pausar/reanudar** patrones.

Subprocesos para tareas de E/S: cómo acelerar la lectura de archivos y las llamadas de red

Ejemplo de lectura de archivos

pitón

```
# archivo_threading.py
importarenhebrado
importar tú
```

```
definiciónleer_archivo(camino):
    con abierto(camino, 'r',codificación='utf-8')comof:
        contenido =f.leer()
    imprimir(F"Leer {camino}:{solo(contenido)}caracteres")

# Crear archivos de muestra
os.makedirs("datos",existe_ok=Verdadero)
para i en rango(5):
    con abierto(F"datos/archivo{i}.TXT","En")comof:
f.escribir("Texto de muestra"*1000)

# Lectura en hilo
hilos=[]
para i en rango(5):
el=enhebrado.Thread(objetivo=leer_archivo,argumentos=(F"dat
os/archivo{i}.TXT",))
t.start()
hilos.append(t)

paraelenhilos:
t.join()
```

Aceleración:~5x en SSD (E/S de disco superpuesta)

Llamadas de red con concurrent.futures

pitón

```
#futuros_ejemplo.py
defuturos concurrentesimportarEjecutor del grupo de
subprocesos
importarsolicitudes

definición buscar(URL):
    devolversolicitudes.get(url).código_de_estado

URL=["https://httpbin.org/delay/1"]*10
```

```
conEjecutor del grupo de subprocesos(trabajadores
máximos=5)comoalbacea:
    resultados = lista(ejecutor.map(obtener, urls))

imprimir(resultados)
```

> **Sintaxis más limpia**, gestión automática de hilos.

Práctica: creación de un buscador de archivos multiproceso

Vamos a construir una**herramienta real**:buscar una palabra clave en cientos de archivos de texto —**rápido**.

Estructura del proyecto

texto

```
buscador_de_archivos/
├── buscador.py
├── datos/
│   ├── doc1.txt
│   ├── doc2.txt
│   └── ...
└── resultados.txt
```

Paso 1: Generar datos de prueba

pitón

```
# generar_datos.py
importar tú
```

```
os.makedirs("buscador_de_archivos/datos",existe_ok=Verdade
ro)

palabras clave=["pitón","enhebrado","error","éxito","depurar"]

para i en rango(100):
   con
abierto(F"buscador_de_archivos/datos/doc{i}.TXT","En")comof:
      importaraleatorio
      texto =" ".join(random.choices(palabras clave+["lorem","sí
mismo"],k=200))
f.write(texto)
```

Paso 2: searcher.py

pitón

```
# buscador.py
importar tú
importarenhebrado
de cola importar Cola
demecanografíaimportar Lista

# Cola compartida y bloqueo
cola de resultados= Cola()
bloqueo de impresión=subproceso.Lock()

definiciónbuscar_en_archivo(ruta de archivo:cadena,palabra
clave:cadena):
   intentar:
      con abierto(ruta de archivo,'r',codificación='utf-8')comof:
         sipalabra clave.lower()enf.read().lower():
            conbloqueo de impresión:
               imprimir(F"[ENCONTRÓ] {palabra clave} en {ruta
de archivo}")
result_queue.put(ruta del archivo)
   excepto Excepción comoy:
      conbloqueo de impresión:
         imprimir(F"[ERROR] {ruta de archivo}:{y}")
```

```
definicióntrabajador(palabra clave:cadena,cola de archivos:
Cola):
  mientras Verdadero:
ruta de archivo=cola_de_archivos.get()
    siruta de archivoes Ninguno:# Píldora venenosa
      romper
buscar_en_archivo(ruta_de_archivo, palabra clave)
cola_de_archivos.tarea_hecha()

definiciónbúsqueda enhebrada(directorio:cadena,palabra
clave:cadena,núm_hilos:entero=8):
# Paso 1: Crear lista de archivos
cola de archivos= Cola()
  pararaíz, _, archivosenos.walk(directorio):
    parafenarchivos:
      sif.termina con(".TXT"):
file_queue.put(os.path.join(root, f))

# Paso 2: Iniciar subprocesos de trabajo
hilos=[]
  para_en rango(num_hilos):
el=enhebrado.Thread(objetivo=trabajador,argumentos=(palabra
clave, cola_de_archivos))
t.start()
hilos.append(t)

# Paso 3: Espere a que la cola se vacíe
file_queue.join()

# Paso 4: Detener a los trabajadores
  para_enhilos:
cola_de_archivos.put(Ninguno)
  paraelenhilos:
t.join()

# Paso 5: Recopilar resultados
  resultados =[]
mientras nocola_de_resultados.vacío():
resultados.append(cola_de_resultados.get())
```

```
    devolver resultados

si __nombre__ == "__principal__":
    importar tiempo
    comenzar =tiempo.tiempo()
    partidos
=búsqueda_enhebrada("buscador_de_archivos/datos","pitón",n
úm_hilos=10)
    imprimir(F"\norteEncontrado en{solo(partidos)}archivos")
    imprimir(F"Tiempo: {tiempo.tiempo()- comenzar:.2f}s")
```

Ejecútalo

intento

```
pitóngenerar_datos.py
pitónbuscador.py
```

Salida de muestra:

texto

```
[ENCONTRADO] python en file_searcher/data/doc0.txt
[ENCONTRADO] Python en file_searcher/data/doc12.txt
...
Encontrado en 41 archivos
Tiempo: 0,68 s
```

> **La versión secuencial tardaría entre 3 y 4 segundos.** - eran **5 veces más rápido**.

Versión secuencial (para comparación)

pitón

```
# búsqueda_secuencial.py
```

```
importar tú
importar tiempo

definiciónbúsqueda_seq(directorio,palabra clave):
   partidos =[]
   pararaíz, _, archivosenos.walk(directorio):
      parafenarchivos:
         sif.termina con(".TXT"):
            camino =os.path.join(raíz, f)
            intentar:
               con abierto(camino, 'r')comof:
                  sipalabra clave.lower()enf.read().lower():
coincidencias.append(ruta)
            excepto:
               aprobar
   devolver partidos

comenzar =tiempo.tiempo()
partidos =búsqueda_seq("buscador_de_archivos/datos","pitón")
imprimir(F"Secuencial:{solo(partidos)}archivos,{tiempo.tiempo()
-comenzar:.2f}s")
```

Threaded gana a lo grandeen E/S.

Errores comunes que se deben evitar

Error	Por qué se rompe	Arreglar
Sin unión()	El programa sale antes de tiempo	Únase siempre a los hilos

Variables globales sin bloqueo	Condiciones de carrera	Utilice Lock() o queue.Queue
Demasiados hilos	Gastos generales > beneficio	Utilice de 4 a 16 hilos como máximo
Bloqueo del hilo principal	Sin concurrencia	Iniciar hilos y luego unirse()
Hilos de demonio con limpieza	Pérdida de datos al salir	Utilice hilos regulares para trabajos críticos

---

Aplicaciones en el mundo real

Caso de uso	Beneficio del enhebrado
Raspador web	Más de 100 URL en paralelo
Procesador de registros	Leer miles de archivos de registro
Aplicaciones GUI	Mantenga la interfaz de usuario responsiva
Sondeo de API	Monitorear 50 puntos finales
Copia de seguridad de archivos	Copiar mientras se comprime

Resumen: Conclusiones clave

1. Utilice threading.Thread(target=func) para tareas simples.
2. Únase siempre a los hilos que inicie.
3. Nombra los hilos para una mejor depuración.
4. Usar **hilos de demonio**Sólo para tareas en segundo plano.
5. **Cerrar**datos compartidos para evitar condiciones de carrera.
6. Utilice Queue para una comunicación segura entre subprocesos.
7. **El subprocesamiento brilla en las tareas limitadas por E/S**— no CPU.
8. ThreadPoolExecutor simplifica la gestión de subprocesos.

Ejercicios de práctica

Ejercicio 1: Comprobador de estado web enhebrado

- Entrada: Lista de 50 URL
- Salida: Código de estado + tiempo de respuesta
- Utilice ThreadPoolExecutor
- Guardar resultados en status_report.csv

Ejercicio 2: Calculadora de tamaño de directorio en subprocesos

- Recorrer el árbol de directorios
- Cada hilo suma los tamaños de los archivos en una subcarpeta
- Utilice queue.Queue para recopilar totales
- Tamaño total de impresión en MB

Desafío: Búsqueda de archivos con múltiples palabras clave

Mejorar el buscador de archivos:

- Aceptar **múltiples palabras clave**
- Cada palabra clave tiene su propio grupo de subprocesos
- Salida: palabra clave → [lista de archivos]
- Agregar barra de progreso usando tqdm

pitón

```
detqdmimportartqdm
# Envuelva file_queue con tqdm para el progreso en vivo
```

Siguiente capítulo:Te enfrentarás a la**GIL**De frente, y aprenda por qué falla el subprocesamiento en las tareas de la CPU (y cómo solucionarlo con multiprocesamiento).

Ahora tienes**Código enhebrado funcional, seguro y rápido**. Sigue adelante

Capítulo 4

El bloqueo del intérprete global (GIL): desmitificando el cuello de botella de subprocesos de Python

¿Qué es el GIL?

El **Bloqueo de intérprete global (GIL)**es un mutex (bloqueo de exclusión mutua) en**CPython**— la implementación estándar de Python — que protege el acceso a los objetos de Python y evita que varios subprocesos nativos ejecuten código de bytes de Python al mismo tiempo.

En términos simples:

> Solo **un hilo**Puede ejecutar código Python en cualquier momento, incluso en una máquina de 64 núcleos.

¿Por qué existe el GIL?

Python usa**recuento de referencias**Para la gestión de memoria. Cada objeto cuenta con un recuento de variables que lo referencian. Cuando llega a cero, se libera la memoria.

pitón

```
x=[]
y =x# recuento de referencias = 2
y = Ninguno# recuento de referencias = 1
x= Ninguno# refcount = 0 → memoria liberada
```

Sin el GIL, dos hilos podrían modificar el mismo recuento de referencias simultáneamente:

texto

```
Hilo 1: recuento de lecturas = 1 → decrementos → escrituras 0
Hilo 2: recuento de lecturas = 1 → decrementos → escrituras 0
→ Memoria liberada dos veces → CRASH
```

El GIL**previene esta condición de carrera**asegurándose de que solo un hilo toque elementos internos de Python a la vez.

Visualizando el GIL

texto

```
Núcleo de CPU 1 Núcleo de CPU 2 Núcleo de CPU 3
| Hilo A █████| |
| | Hilo B █████|
| | | Hilo C █████|
└──────────────────┴──────────────────┴──────────────
──────┘

↑ ↑ ↑
GIL sostenido por un hilo a la vez
```

Incluso con 3 núcleos, solo**un hilo ejecuta código Python**en cualquier instante.

Ejemplo de código: GIL en acción

pitón

```
#gil_demo.py
importarenhebrado
importar tiempo

definicióncuenta_adelante():
x=0
   para_en rango(10_000_000):
x+=1
   devolverx

definicióncuenta regresiva():
x=10_000_000
   para_en rango(10_000_000):
x-=1
   devolverx

# Secuencial
comenzar =tiempo.tiempo()
cuenta_adelante()
cuenta atrás()
tiempo_secuencia=tiempo.tiempo()- comenzar
imprimir(F"Secuencial:{tiempo_secuencia:.2f}s")

# Con subprocesos (¿esperas una aceleración de ~2x? ¡NO!)
comenzar =tiempo.tiempo()
t1=enhebrado.Thread(objetivo=cuenta_adelante)
t2=enhebrado.Thread(objetivo=cuenta atrás)
t1.inicio()
t2.inicio()
t1.join()
t2.join()
tiempo del hilo=tiempo.tiempo()- comenzar
imprimir(F"Enhebrado:{tiempo del hilo:.2f}s")
imprimir(F"Aceleración:{tiempo_secuencia/tiempo del
hilo:.2f}incógnita")
```

Salida (en una máquina de doble núcleo):

```texto
Secuencial: 1,42 s
Con hilo: 1,48 s
Aceleración: 0,96x ← ¡MÁS LENTO!
```

> **El enhebrado lo empeoró**debido a la contención de GIL y al cambio de contexto.

¿Cuando se libera el GIL?

Operación	¿GIL liberado?	Por qué
tiempo.sueño()	Sí	Control de rendimiento del hilo
E/S de archivos (abrir, leer)	Sí	El sistema operativo lo maneja
Red (solicitudes.obtener)	Sí	Esperando en el socket
Extensiones de C (numpy.dot)	A menudo	¿Puede liberar GIL?
Bucles de Python puro	No	Ejecución de código de bytes

Las extensiones C omiten GIL

```pitón
#numpy_gil_release.py
importarNumpycomo p.ej
```

```
importarenhebrado
importar tiempo

definiciónmatriz_mult():
   a =np.random.rand(500,500)
   b =np.random.rand(500,500)
   para_en rango(50):
np.punto(a, b)

# Secuencial
comenzar =tiempo.tiempo()
matriz_multi()
matriz_multi()
imprimir(F"Secuencial:{tiempo.tiempo()-comenzar:.2f}s")

# Enhebrado
comenzar =tiempo.tiempo()
t1=enhebrado.Thread(objetivo=matriz_multi)
t2=enhebrado.Thread(objetivo=matriz_multi)
t1.inicio()
t2.inicio()
t1.join()
t2.join()
imprimir(F"Enhebrado:{tiempo.tiempo()-comenzar:.2f}s")
```

Producción:

texto
Secuencial: 2,10 s
Con hilo: 1,15 s ← ¡Aceleración de ~1,8x!

> numpy libera el GIL durante dot() → paralelismo verdadero.

El impacto de GIL en las tareas dependientes de la CPU y soluciones alternativas

Impacto: No hay paralelismo en Python puro

Tarea	Aceleración de subprocesos	Razón
Comprobación principal	0,9x	Bloques GIL
Análisis de JSON	1.0x	Python puro
Cambio de tamaño de imagen (PIL)	1.0x	Dar suerte
operaciones numpy	1.8x	GIL liberado

Soluciones alternativas

Estrategia	Cuándo usarlo	Ejemplo
Multiprocesamiento	Uso intensivo de la CPU	multiprocesamiento .Proceso
Extensiones C	Crítico para el rendimiento	numpy, pandas, numba
AsyncIO	Limitado a E/S	asyncio + aiohttp
Herramientas externas	Big data	Bofetada, patada

Medición del rendimiento: herramientas para evaluar el código enhebrado

1. time.time() – Simple

pitón

```
comenzar =tiempo.tiempo()
# código
imprimir(F"Transcurrido:{tiempo.tiempo()- comenzar:.4f}s")
```

Bueno para pruebas rápidas.

2. timeit – Micro-puntos de referencia precisos

pitón

```
# timeit_example.py
importartiempo

definiciónbucle ocupado():
x=0
   para_en rango(1_000_000):
x+=1

imprimir(timeit.timeit(bucle_ocupado,número=10))
```

3. cProfile – Ver cuellos de botella

pitón

```
# perfil_thread.py
importarcPerfil
```

```
importarenhebrado

definicióntrabajador():
x=0
   para_en rango(5_000_000):
x+=1

definición principal():
hilos=[enhebrado.Hilo(objetivo=trabajador)para_en rango(4)]
   paraelenhilos: t.start()
   paraelenhilos: t.join()

cProfile.run('principal()')
```

Fragmento de salida:

```
texto
20000004 llamadas de función en 5,123 segundos
ncalls tottime por llamada cumtime por llamada nombre de
archivo:lineno(función)
4 5.120 1.280 5.120 1.280 trabajador
```

---

4. subprocesos + psutil – Uso de CPU

```
pitón
# uso_de_cpu.py
importarenhebrado
importar psutil
importar tiempo

definicióntarea_de_cpu():
x=0
   para_en rango(10_000_000):
x=(x+1)%1000

enhebrado.Thread(objetivo=tarea_cpu).start()
enhebrado.Thread(objetivo=tarea_cpu).start()
```

```
para_en rango(10):
   imprimir(F"UPC: {psutil.cpu_percent()}%")
tiempo.dormir(0.5)
```

En 4 núcleos: ~25 % de CPU (un núcleo completamente utilizado)

Estrategias para eludir el GIL

Estrategia 1: Utilizar multiprocesamiento

pitón

```
# bypass_con_mp.py
demultiprocesamientoimportar Piscina
importar matemáticas

definiciónes_primo(norte):
   sien<=1:devolver FALSO
   para i en rango(2,entero(matemática.sqrt(n))+1):
      sien% i ==0:devolver FALSO
   devolver Verdadero

números=[999999937,999999929,999999893,999999883]*10

con Piscina() como piscina:
   resultados =pool.map(is_prime, números)

imprimir(F"Primos:{suma(resultados)}")
```

Cada proceso = intérprete de Python independiente →**No compartir GIL**

Estrategia 2: Descargar a extensiones C

```
pitón
# numba_bypass.py
deadormecerimportarjit
importarenhebrado

@jit(nopython=Verdadero)
definiciónconteo rápido():
x=0
   para i en rango(10_000_000):
x+=1
   devolverx

# ¡Ahora el subprocesamiento funciona!
t1=enhebrado.Thread(objetivo=recuento rápido)
t2=enhebrado.Thread(objetivo=recuento rápido)
# ... iniciar/unirse
```

numba se compila en código máquina →**GIL liberado**

Estrategia 3: Diseño centrado en E/S

```
pitón
# io_focused.py
importarenhebrado
importarsolicitudes

definición descargar(URL):
solicitudes.get(url).content# E/S → GIL liberado

# 100 hilos → ¡rápido!
```

Incluso con GIL, I/O lo libera → la concurrencia gana.

Práctica: Perfilar una tarea intensiva en CPU y optimizarla a pesar del GIL

Vamos a construir una**Generador fractal de Mandelbrot**— Uso intensivo de la CPU, visual y perfecto para evaluaciones comparativas.

Paso 1: Versión secuencial

pitón

```
#mandelbrot_seq.py
importar tiempo
importarmatplotlib.pyplotcomoplt

definiciónMandelbrot(do,máx._iter):
   Con =0
   paraenen rango(iterador máximo):
      siabdominales(Con) >2:
         devolveren
      Con = Con*Con +c
   devolvermáx._iter

definición generar(ancho,altura,máx._iter=100):
   imagen =[]
   para y en rango(altura):
      fila =[]
      paraxen rango(ancho):
         real =x/ ancho *3.5-2.5
imagen= y / altura *2.0-1.0
c= complejo(real, imag)
fila.append(mandelbrot(c, max_iter))
imagen.append(fila)
   devolver imagen

comenzar =tiempo.tiempo()
imagen= generar(800,600)
imprimir(F"Secuencial:{tiempo.tiempo()-comenzar:.2f}s")
```

```
plt.imshow(img,mapa cma='caliente')
plt.savefig("mandelbrot_seq.png")
```

Tiempo:~28 segundos

Paso 2: Versión con subprocesos (fallará)

pitón

```
#mandelbrot_threaded.py
importarenhebrado
defuturos concurrentesimportarEjecutor del grupo de
subprocesos

definicióntarea_de_fila(y,ancho,altura,máx._iter):
    fila =[]
    paraxen rango(ancho):
        real =x/ ancho *3.5-2.5
imagen= y / altura *2.0-1.0
c= complejo(real, imag)
fila.append(mandelbrot(c, max_iter))
    devolvery, fila

definicióngenerar_hilo(ancho,altura,máx._iter=100):
    imagen =[Ninguno]* altura
    conEjecutor de grupo de hilos()comoalbacea:
futuros=[
ejecutor.submit(fila_tarea, y, ancho, alto, iterador_máximo)
            para y en rango(altura)
]
        parafenfuturos:
y, fila=f.resultado()
            image[y] = fila
    devolver imagen

comenzar =tiempo.tiempo()
imagen=generar_hilo(800,600)
imprimir(F"Enhebrado:{tiempo.tiempo()-comenzar:.2f}s")
```

Tiempo:~30 segundos ←**Más lento!**

Paso 3: Perfil con cProfile

pitón

```
# Agregar a mandelbrot_threaded.py
importarcPerfil
cProfile.run('generar_subproceso(800, 600)')
```

Línea clave:

texto

```
480000 llamadas de función en 30,123 segundos
Mandelbrot 480000 29,8 s
```

> Todo el tiempo en Python puro → Cuello de botella GIL.

Paso 4: Optimizar con numba

pitón

```
#mandelbrot_numba.py
deadormecerimportarjit
importarNumpycomo p.ej

@jit(nopython=Verdadero,paralelo=Verdadero)
definiciónmandelbrot_numba(ancho,altura,máx._iter=100):
  imagen =np.zeros((alto, ancho),tipo d=p. ej. uint8)
  para y en rango(altura):
    paraxen rango(ancho):
      real =x/ ancho *3.5-2.5
imagen= y / altura *2.0-1.0
c= complejo(real, imag)
      Con =0
      paraenen rango(iterador máximo):
```

```
            siabdominales(Con) >2:
imagen[y, x]=en
              romper
            Con = Con*Con +c
         demás:
imagen[y, x]=máx._iter
   devolver imagen

comenzar =tiempo.tiempo()
imagen=número_de_mandelbrot(800,600)
imprimir(F"Número:{tiempo.tiempo()-comenzar:.2f}s")
plt.imsave("mandelbrot_numba.png", imagen,mapa
cma='caliente')
```

Tiempo:~0,8 segundos ←**¡Aceleración 35x!**

número + paralelo=Verdadero
→**subprocesamiento automático + lanzamiento de GIL**

Paso 5: Retorno al multiprocesamiento

pitón

```
#mandelbrot_mp.py
demultiprocesamientoimportar Piscina
importarNumpycomo p.ej

definicióncalcular_fila(argumentos):
y, ancho, alto, max_iter=argumentos
   fila =[]
   paraxen rango(ancho):
      real =x/ ancho *3.5-2.5
imagen= y / altura *2.0-1.0
c= complejo(real, imag)
      Con =0
      paraenen rango(iterador máximo):
         siabdominales(Con) >2:
```

```
fila.append(n)
            romper
          Con = Con*Con +c
       demás:
fila.append(max_iter)
    devolvery, fila

definicióngenerar_mp(ancho,altura,máx._iter=100):
argumentos=[(y, ancho, alto, max_iter)para y en rango(altura)]
    con Piscina() como piscina:
       resultados =pool.map(calcular_fila, argumentos)
    imagen =[Ninguno]* altura
    paray, filaen resultados:
       image[y] = fila
    devolver imagen

comenzar =tiempo.tiempo()
imagen=generar_mp(800,600)
imprimir(F"Multiprocesamiento:{tiempo.tiempo()-comenzar:.2f}s
")
```

Tiempo:~7 segundos (en 4 núcleos) ←**Aceleración 4x**

Aplicaciones en el mundo real

Proyecto	Problema de GIL	Arreglar
Entrenamiento de ML	Bucles de Python puro	Utilice TensorFlow/PyTorch
Procesamiento de imágenes	ALMOHADA lenta	Almohada-SIMD, OpenCV

Raspador web	Análisis de CPU	lxml (basado en C)
Física del juego	Matemáticas de Python	Pymunk (C)

Errores comunes que se deben evitar

Error	Por qué	Arreglar
Subprocesos para matemáticas	GIL	Utilice multiprocesamiento o C
Ignorando las extensiones de C	Reinventar la rueda	Utilice numpy, numba
Sin perfiles	Adivinando el rendimiento	Medir siempre
Demasiados procesos	Explosión de memoria	Coincidir con los núcleos de la CPU
Uso de ThreadPool para CPU	Sin aceleración	Utilice ProcessPoolExecutor

---

Resumen: Conclusiones clave

1. **GIL = un hilo ejecuta Python a la vez.**

2. **Limitado por CPU + subprocesos = sin aceleración**.
3. **Limitado a E/S = GIL liberado → los subprocesos ganan**.
4. **Perfil primero**:timeit, cProfile, psutil.
5. **Omitir GIL** con:
    - multiprocesamiento
    - Extensiones de C (numpy, numba)
    - Diseño con gran cantidad de E/S
6. **Adormecer**= la forma más sencilla de evitar GIL en matemáticas.

Ejercicios de práctica

Ejercicio 1: Multiplicación de matrices de referencia

- Comparar:
    - Python puro
    - Roscado
    - Numpy
    - adormecer
- Gráfico de aceleración de trazado

Ejercicio 2: Tamiz principal con Numba

- Implementar el tamiz de Eratóstenes
- Utilice @jit(parallel=True)
- Comparar con Python puro

Desafío: Hashing de archivos paralelos

- Hash de 100 archivos grandes (hashlib.sha256)

- Intentar:
  - Subprocesos → lento (CPU)
  - Multiprocesamiento → rápido
  - concurrente.futures.ProcessPoolExecutor
- Agregar barra de progreso con tqdm

pitón

```
detqdmimportartqdm
para_entqdm(pool.imap(archivo_hash, archivos)):
    aprobar
```

Siguiente capítulo:Dominarás**multiprocesamiento**—paralelismo real, sin GIL, potencia total de la CPU.

Tú ahora**Comprender y derrotar al GIL**Pasemos al multi-núcleo.

Capítulo 5

Fundamentos del multiprocesamiento: cómo lograr un paralelismo real entre los núcleos de la CPU

El módulo de multiprocesamiento: explicación de procesos e hilos

En el último capítulo viste cómo el**Bloqueo de intérprete global (GIL)**bloquea el paralelismo verdadero en los subprocesos.**Multiprocesamiento**es la respuesta de Python.

Característica	Enhebrado	Multiprocesamiento
Memoria	Compartido	Separado
GIL	Sí	No (cada proceso tiene el suyo)
Velocidad (CPU)	Sin aceleración	Utilización completa de la CPU

Arriba	Bajo	Superior (bifurcación)
Mejor para	Limitado a E/S	Limitado por la CPU

Analogía simple:

- **Hilo**= trabajadores en una oficina, compartiendo una computadora.
- **Proceso**= trabajadores en**oficinas separadas**, cada uno con**su propia computadora**.

Cómo funcionan los procesos

Al iniciar un proceso:

1. TÚ **copias**El intérprete de Python actual.
2. Ejecuta su función en un**nuevo espacio de memoria**.
3. No hay conflicto GIL →**verdadera ejecución paralela**.

texto

```
Proceso principal
├── Proceso 1 (Núcleo de CPU 1)
├── Proceso 2 (Núcleo de CPU 2)
└── Proceso 3 (CPU Core 3)
```

Visual: subprocesamiento vs. multiprocesamiento

texto

```
ROSCADO (GIL)
Núcleo 1: ████░░░░░░░░
Núcleo 2: ████░░░░
Núcleo 3: ████

MULTIPROCESAMIENTO (Sin GIL)
Núcleo 1: ████████████
Núcleo 2: ████████████
Núcleo 3: ████████████
```

Creación y gestión de procesos: inicio, incorporación y finalización

Creación de procesos básicos

pitón

```
# proceso_básico.py
demultiprocesamientoimportar Proceso
importar tiempo

definicióntrabajador(nombre):
   imprimir(F"Proceso {nombre} a partir de...")
tiempo.dormir(2)
   imprimir(F"Proceso {nombre} hecho.")

si __nombre__ == "__principal__":
p1= Proceso(objetivo=trabajador,argumentos=("A",))
pág. 2= Proceso(objetivo=trabajador,argumentos=("B",))

p1.inicio()
p2.inicio()

p1.join()# Esperar a p1
p2.join()# Esperar a p2

   imprimir("Todos los procesos finalizados.")
```

Importante: si __name__ == "__main__": es**requerido en Windows**y recomendado en todas partes para evitar la aparición recursiva.

Ciclo de vida del proceso

Método	Objetivo
comenzar( )	Proceso de lanzamiento
unirse()	Esperar a que se complete
está_vivo()	Comprobar estado
terminar()	Matar inmediatamente
matar()	Matar a la fuerza

pitón

```
pag = Proceso(objetivo=trabajador,argumentos=("INCÓGNITA",))
p.inicio()
imprimir(F"¿Vivo? {p.está_vivo()}")# Verdadero
p.terminate()
p.join()
imprimir(F"¿Vivo después de matar?{p.está_vivo()}")# FALSO
```

Procesos de denominación

pitón

```
pag = Proceso(objetivo=trabajador,nombre="Calculadora-1")
imprimir(p.nombre)# "Calculadora-1"
```

Útil en registros y depuración.

Grupos de procesos para una distribución escalable de tareas

Cuando tengas**muchas pequeñas tareas**, crear un proceso por tarea es ineficiente.

Piscina= número fijo de procesos de trabajo que se reutilizan a sí mismos.

pitón

```
#pool_example.py
demultiprocesamientoimportar Piscina

definición cuadrado(incógnita):
  devolverx*x

si __nombre__ == "__principal__":
números= lista(rango(1,11))

  con Piscina(procesos=4)como piscina:
    resultados =pool.map(cuadrado, números)

  imprimir(resultados) # [1, 4, 9, 16, ...]
```

pool.map() = versión paralela de map()

Métodos de pool

Método	Usar
mapa(función, iterable)	Aplicar función a cada elemento
imap()	Versión perezosa (devuelve iterador)
aplicar(función, argumentos)	Correr una vez
mapa estelar(función, iterable)	Pasar múltiples argumentos

pitón

```
# ejemplo de mapa estelar
definición agregar(a,b):
    devolver a + b

con Piscina() como piscina:
    resultados =pool.starmap(añadir, [(1,2), (3,4), (5,6)])
    imprimir(resultados) # [3, 7, 11]
```

Tamaño del grupo de control

pitón

```
importar tú
recuento de CPU=os.cpu_count()
imprimir(F"Tu CPU tiene{recuento de CPU}núcleos")

con Piscina(procesos=recuento de CPU)como piscina:
# Utilizar todos los núcleos
```

Manejo de cargas de trabajo limitadas por la CPU: ejemplo de multiplicación de matrices

Vamos a construir una**multiplicador de matriz paralela**.

Versión secuencial

pitón

```
# matriz_seq.py
importar tiempo
importaraleatorio

definiciónMatmul(A,B):
filas_A=solo(A)
columnas_B=solo(B[0])
columna_A=solo(A[0])
C=[[0 para_en rango(columna_B)]para_en rango(filas_A)]

    para i en rango(filas_A):
        parayoen rango(columnas_B):
            paraken rango(columna_A):
C[i][j]+=A[i][k]*B[k][j]
    devolverC

# Crear matrices de 200x200
tamaño =200
A =[[aleatorio.aleatorio()para_en rango(tamaño)] para_en
rango(tamaño)]
B =[[aleatorio.aleatorio()para_en rango(tamaño)] para_en
rango(tamaño)]

comenzar =tiempo.tiempo()
C=matmul(A, B)
imprimir(F"Secuencial:{tiempo.tiempo()- comenzar:.2f}s")
```

Salida (CPU de 4 núcleos):

texto
Secuencial: 9,42 s

Versión de multiprocesamiento con pool

pitón

```
# matriz_pool.py
demultiprocesamientoimportar Piscina
importar tiempo
importaraleatorio

definiciónmatmul_row(argumentos):
yo, A_fila, B=argumentos
columnas_B=solo(B[0])
columna_A=solo(Una fila)
fila_de_resultados=[]
   parayoen rango(columnas_B):
      total =0
      paraken rango(columna_A):
         total +=Una fila[k]*B[k][j]
resultado_fila.append(total)
   devolveryo, fila_de_resultados

definiciónmatmul paralelo(A,B,trabajadores=Ninguno):
filas_A=solo(A)
columnas_B=solo(B[0])

# Preparar argumentos: (fila_índice, A_fila, B)
   tareas =[(yo, A[i], B)para i en rango(filas_A)]

   con Piscina(procesos=trabajadores)como piscina:
      resultados =pool.map(matmul_row, tareas)

# Reconstruir la matriz
C=[Ninguno]*filas_A
   parayo, filaen resultados:
C[i]= fila
   devolverC
```

```
# Generar datos
tamaño =200
A =[[aleatorio.aleatorio()para_en rango(tamaño)] para_en
rango(tamaño)]
B =[[aleatorio.aleatorio()para_en rango(tamaño)] para_en
rango(tamaño)]

comenzar =tiempo.tiempo()
C=matmul_paralelo(A, B)
imprimir(F"Multiprocesamiento:{tiempo.tiempo()-
comenzar:.2f}s")
```

Producción:

```
texto
Multiprocesamiento: 2,61 s ← ¡Aceleración de ~3,6x!
```

> En 4 núcleos: ~3,6 veces más rápido.
> ¡Escalado casi lineal!

Práctica: Implementación de un multiplicador de matriz multiproceso para aprovechar múltiples núcleos

Vamos a construir una**multiplicador de matriz completo y reutilizable** con:

- Validación de entrada
- Barra de progreso
- Evaluación comparativa
- Guardar resultados

Estructura del proyecto

texto

```
multiplicador_de_matriz/
├── matriz.py
├── benchmark.py
└── datos/
```

---

matrix.py – Lógica básica

pitón

```
# matriz.py
demultiprocesamientoimportarPool, recuento de CPU
demecanografíaimportar Lista
importar tiempo

definiciónvalidar_matrices(A:Lista[Lista[flotar]],B:Lista[Lista[flota
r]]) ->bool:
   si no A O no A[0]O no B O no B[0]:
      devolver FALSO
   devolversolo(A[0])==solo(B)  # Columnas A == Filas B

definiciónmultiplicar_filas(argumentos):
yo, fila_A, B=argumentos
columnas_B=solo(B[0])
   resultado =[]
   parayoen rango(columnas_B):
      total = suma(fila_A[k]*B[k][j]paraken rango(solo(fila_A)))
resultado.append(total)
   devolveryo, resultado
```

```
definiciónmultiplicar(A:Lista[Lista[flotar]],B:Lista[Lista[flotar]],tra
bajadores:entero= Ninguno) -> Lista[Lista[flotar]]:
   si novalidar_matrices(A, B):
      aumentarError de valor("Dimensiones de matriz no
válidas")

   sitrabajadoreses Ninguno:
trabajadores=recuento_de_cpu()

   tareas =[(yo, A[i], B)para i en rango(solo(A))]

   comenzar =tiempo.tiempo()
   con Piscina(procesos=trabajadores)como piscina:
      resultados =pool.map(multiplicar_fila, tareas)
   imprimir(F"Hora de la piscina:{tiempo.tiempo()-
comenzar:.2f}s")

C=[Ninguno]*solo(A)
   parayo, filaen resultados:
C[i]= fila
   devolverC
```

---

benchmark.py – Prueba y compara

pitón

```
# punto de referencia.py
importar tiempo
importaraleatorio
dematrizimportarmultiplicar
defuturos concurrentesimportarEjecutor del grupo de procesos
importarmatplotlib.pyplotcomoplt
importar tú

definicióngenerar_matriz(norte:entero) ->lista:
   devolver[[aleatorio.aleatorio()para_en rango(n)]para_en
rango(norte)]
```

```
definiciónmultiplicación secuencial(A,B):
filas_A=solo(A)
columnas_B=solo(B[0])
C=[[0 para_en rango(columna_B)]para_en rango(filas_A)]
   para i en rango(filas_A):
      parayoen rango(columnas_B):
         paraken rango(solo(A[0])):
C[i][j]+=A[i][k]*B[k][j]
   devolverC

definiciónpunto de referencia(tamaño=300,trabajadores
máximos=8):
   A =generar_matriz(tamaño)
   B =generar_matriz(tamaño)

   imprimir(F"Evaluación
comparativa{tamaño}incógnita{tamaño}matrices...\norte")

# Secuencial
   comenzar =tiempo.tiempo()
Sec. C=multiplicación_secuencial(A, B)
tiempo_secuencia=tiempo.tiempo()- comenzar
   imprimir(F"Secuencial:{tiempo_secuencia:.2f}s")

# Multiprocesamiento
veces=[]
   paratrabajadoresen rango(1, max_trabajadores+1):
      comenzar =tiempo.tiempo()
C_mp=multiplicar(A, B,trabajadores=trabajadores)
el=tiempo.tiempo()- comenzar
veces.append(t)
      imprimir(F"{trabajadores}trabajadores:{el:.2f}s
(aceleración:{tiempo_secuencia/el:.2f}incógnita)")

   # Trama
plt.figura(tamaño de la figura=(8,5))
plt.plot(rango(1, max_trabajadores+1),
veces,marcador='el',etiqueta='Multiprocesamiento')
plt.axhline(tiempo_secuencia,color='r',estilo de
línea='--',etiqueta='Secuencial')
```

```
plt.xlabel("Número de trabajadores")
plt.ylabel("Tiempo (segundos)")
plt.título(Escala de multiplicación de matrices)
plt.leyenda()
plt.grid(Verdadero)
plt.savefig("escalado.png")
  imprimir("\norteGráfico guardado como 'scaling.png')

si __nombre__ == "__principal__":
punto de referencia(tamaño=400,trabajadores
máximos=os.cpu_count())
```

Correr:

```
intento
pitónbenchmark.py
```

Salida de muestra:

```
texto
Evaluación comparativa de matrices 400x400...

Secuencial: 28,41 s
1 trabajador: 28,10 s (aceleración: 1,01x)
2 trabajadores: 14,32 s (aceleración: 1,98x)
3 trabajadores: 9,88 s (aceleración: 2,88x)
4 trabajadores: 7,65 s (aceleración: 3,71x)
5 trabajadores: 7,70 s (aceleración: 3,69x)
...
Gráfico guardado como 'scaling.png'
```

Pico de 4 trabajadores→ coincide con los núcleos de la CPU.

Aplicaciones en el mundo real

Tarea	¿Por qué multiprocesamiento?
Codificación de vídeo	Dividir fotogramas entre núcleos
Entrenamiento de modelos de aprendizaje automático	Búsqueda paralela de hiperparámetros
Simulación científica	Realizar ensayos independientes
Procesamiento de imágenes por lotes	Cambiar el tamaño de 10.000 fotos
Análisis de registros	Grep a través de terabytes

Errores comunes que se deben evitar

Error	Por qué falla	Arreglar
No si __name__ == "__main__":	Generación infinita en Windows	Utilice siempre

Pasando objetos grandes	Copia de gastos generales	Utilice memoria o archivos compartidos
Demasiados procesos	Paliza	Utilice ≤ núcleos de CPU
No usar Pool	Alta sobrecarga	Procesos de reutilización
Devolviendo resultados grandes	Explosión de memoria	Guardar en el disco

---

Consejo: utilice shared_memory (Python 3.8+)

pitón

```
demultiprocesamientoimportarmemoria compartida

silencio=memoria_compartida.MemoriaCompartida(crear=Verdadero,tamaño=1000)
amortiguador=shm.buf
buffer[0]=42
# Pasar shm.name a los procesos
```

Resumen: Conclusiones clave

1. **Multiprocesamiento = verdadero paralelismo** (no GIL).
2. Proceso de uso para**pocas tareas grandes**.
3. Utilice la piscina para**muchas pequeñas tareas**.

4. Siempre envuelva el punto de entrada en if __name__ == "__main__":.
5. **Coincidir con el número de trabajadores según los núcleos de CPU**.
6. pool.map() = patrón paralelo más fácil.
7. **Las tareas limitadas por la CPU se escalan casi linealmente**.

Ejercicios de práctica

Ejercicio 1: Comprobador de primos paralelos

- Entrada: 1 millón de números
- Salida: Lista de números primos
- Comparar:
  - Secuencial
  - Piscina.map()
  - Pool.starmap() con fragmentos de rango

Ejercicio 2: Monte Carlo Pi

pitón

```
# Estimar π
adentro = suma(1 para_en rango(N)six**2+ y**2<=1)
pi ≈4* adentro /norte
```

- Dividir N en trozos
- Utilice Pool para sumar los recuentos internos
- Utilice manager.dict() o Value para agregar

Desafío: cambio de tamaño de imágenes paralelas

- Entrada: Carpeta con más de 100 imágenes
- Salida: redimensionada a 800x600
- Use almohada
- Guardar con _resized.jpg
- Agregar barra de progreso de tqdm
- Comparar velocidad vs. secuencial

pitón

```
dePIL importar Imagen
detqdmimportartqdm
```

Siguiente capítulo Aprenderás**Comunicación entre procesos (IPC)**— cómo compartir datos de forma segura entre procesos usando Queue, Pipe y Manager.

Ahora tienes**control total sobre todos los núcleos de la CPU**Vamos a escalar

Capítulo 6

Comunicación entre procesos: compartir datos y mensajes de manera eficiente

---

Tuberías y colas: Envío de datos entre procesos

Los procesos se ejecutan en**espacios de memoria separados**— no pueden acceder directamente a las variables del otro. Para comunicarse, Python proporciona**Tubería** y **Cruz**.

Herramienta	Caso de uso	Velocidad	Complejidad
Tubo()	Dos procesos (padre-hijo)	Rápido	Bajo
Cola()	Múltiples productores/consumidores	Más lento	Medio

Pipe() – Canal directo bidireccional

```
pitón
#pipe_basic.py
demultiprocesamientoimportarProceso, Tubería

definiciónremitente(conexión):
conn.send("¡Hola de parte de niño!")
conn.send([1,2,3])
   respuesta =conexión.recv()
   imprimir(F"El niño recibió:{respuesta}")
conexión.close()

si __nombre__ == "__principal__":
conexión padre, conexión hijo=Tubería()# Dos extremos
   pag = Proceso(objetivo=remitente,argumentos=(niño_conn,))
p.inicio()

   imprimir(F"El padre recibió:{conexión_parental.recv()}")
   imprimir(F"El padre recibió:{conexión_parental.recv()}")
parent_conn.send("¡Hola de nuevo!")

p.join()
```

Producción:

```
texto
Padre recibió: ¡Hola del niño!
El padre recibió: [1, 2, 3]
Niño recibido: ¡Hola de vuelta!
```

> Pipe() regresa**dos objetos de conexión**—
> uno para cada extremo.

Queue() – FIFO seguro para subprocesos y procesos

```
pitón
# cola_basic.py
```

```
demultiprocesamientoimportarProceso, Cola

definiciónproductor(q):
q.poner("Tarea 1")
q.poner("Tarea 2")
q.poner(Ninguno)# Fin de la señal

definiciónconsumidor(q):
    mientras Verdadero:
        artículo =q.obtener()
        si artículo es Ninguno:
            romper
        imprimir(F"Procesando:{artículo}")

si __nombre__ == "__principal__":
q= Cola()
p1= Proceso(objetivo=productor,argumentos=(q,))
pág. 2= Proceso(objetivo=consumidor,argumentos=(q,))

p1.inicio()
p2.inicio()

p1.join()
p2.join()
```

Producción:

```
texto
Procesamiento: Tarea 1
Procesamiento: Tarea 2
```

> La cola es**seguro para subprocesos** y **proceso seguro**— Perfecto para varios trabajadores.

JoinableQueue – Seguimiento de la finalización de tareas

pitón

```
# cola_unible.py
demultiprocesamientoimportarProceso, cola unible

definicióntrabajador(q):
   mientras Verdadero:
      tarea =q.obtener()
      si tarea es Ninguno:
q.tarea_hecha()
         romper
      imprimir(F"Trabajando en{tarea}")
q.tarea_hecha()# Marcar como hecho

si __nombre__ == "__principal__":
q= JoinableQueue()
procesos=[]

   para i en rango(3):
      pag = Proceso(objetivo=trabajador,argumentos=(q,))
p.inicio()
procesos.append(p)

# Agregar tareas
   para i en rango(10):
q.poner(F"Trabajo {i}")

q.join()# Esperar a que todas las tareas se marquen como
completadas

# Detener a los trabajadores
   para_enprocesos:
q.poner(Ninguno)
   para pag enprocesos:
p.join()
```

q.join() bloquea hasta**todas las llamadas task_done()**coincide con las llamadas put().

Memoria compartida: uso de administradores para estructuras de datos complejas

Para **datos grandes o complejos**(listas, diccionarios, clases), copiar a través de la cola es lento.

Manager() – Objetos compartidos en la red

pitón

```
# manager_shared.py
demultiprocesamientoimportarProceso, Gerente

definiciónactualización_compartida(d,lst):
   d["contar"]+=1
lst.append("Actualizado")

si __nombre__ == "__principal__":
   con Gerente() como gerente:
diccionario_compartido=gerente.dict({"contar":0})
lista compartida=gerente.lista()

procesos=[]
      para_en rango(5):
         pag =
Proceso(objetivo=actualización_compartida,argumentos=(dicci
onario_compartido, lista_compartida))
p.inicio()
procesos.append(p)

      para pag enprocesos:
p.join()
```

```
imprimir(diccionario_compartido)# {'count': 5}
imprimir(lista compartida)# ['Actualizado', 'Actualizado', ...]
```

El gerente utiliza un**proceso del servidor**— más lento pero compatible**cualquier objeto que se pueda decapar**.

---

shared_memory – Memoria rápida sin procesar (Python 3.8+)

pitón

```
# ejemplo_de_memoria_compartida.py
demultiprocesamientoimportarmemoria_compartida, Proceso
importarNumpycomo p.ej

definiciónmodificar_matriz(nombre_shm,forma):
silencio=memoria_compartida.SharedMemory(nombre=shm_no
mbre)
arr=np.ndarray(forma,tipo d=p. ej. int64,buffer=shm.buf)
arr+=1
shm.close()

si __nombre__ == "__principal__":
# Crear una matriz compartida
   datos =np.zeros((1000,1000),tipo d=p. ej. int64)
silencio=memoria_compartida.MemoriaCompartida(crear=Verd
adero,tamaño=datos.nbytes)
arreglo compartido=np.ndarray((1000,1000),tipo d=p. ej.
int64,buffer=shm.buf)
np.copyto(arr_compartido, datos)

# Procesos de lanzamiento
procesos=[]
   para_en rango(4):
```

```
        pag =
Proceso(objetivo=modificar_matriz,argumentos=(shm.nombre,
(1000,1000)))
p.inicio()
procesos.append(p)

   para pag enprocesos:
p.join()

   imprimir(F"Valor final:{matriz_compartida[0,0]}")# 4
shm.close()
shm.desvincular()
```

Lo más rápidopara matrices grandes —**no copiar**.

Cómo evitar errores comunes: pickling, serialización y bloqueos

Errores de decapado

Solo **encurtible**Los objetos pueden pasar por una cola o una tubería.

```
pitón
# NO encurtible
definiciónmi_función():aprobar
q.put(mi_función)# ¡Error de decapado!
```

Arreglar: Envía datos, no funciones.

Ejemplo de interbloqueo

pitón

```
# deadlock.py - NO HAGAS ESTO
definiciónp1(q1,q2):
q1.obtener()# Espera por siempre
q2.poner("Desde p1")

definiciónpág. 2(q1,q2):
q2.obtener()# Espera por siempre
q1.poner("Desde p2")

q1, q2=Cola(), Cola()
Proceso(objetivo=p1,argumentos=(q1, q2)).inicio()
Proceso(objetivo=p2,argumentos=(q1, q2)).inicio()
# → BLOQUEO MUERTO: ambos en espera
```

Arreglar: Usar **se acabó el tiempo** o **sin bloqueo**:

pitón

```
artículo =q.obtener(se acabó el tiempo=5)
```

Fuga de recursos

pitón

```
# MALO
pag = Proceso(objetivo=función)
p.inicio()
# Olvidé p.join() → proceso zombie
```

Arreglar: Siempre únase() o termine().

Construyendo patrones de comunicación resilientes

Patrón 1: Grupo de trabajadores con resultados

pitón

```
# grupo_de_trabajadores.py
demultiprocesamientoimportarProceso, Cola
de cola importar Vacío

definicióntrabajador(cola de tareas,cola de resultados):
   mientras Verdadero:
      intentar:
         tarea =cola_de_tareas.get(se acabó el tiempo=1)
         si tarea es Ninguno:
            romper
         resultado = tarea * tarea
result_queue.put((tarea, resultado))
      excepto Vacío:
         continuar

si __nombre__ == "__principal__":
   tareas = Cola()
   resultados = Cola()

# Iniciar trabajadores
trabajadores=
[Proceso(objetivo=trabajador,argumentos=(tareas,
resultados))para_en rango(4)]
   para En entrabajadores: w.start()

# Enviar tareas
   para i en rango(20):
tareas.put(i)

# Fin de la señal
   para_entrabajadores:
tareas.put(Ninguno)

# Recopilar resultados
recogido={}
   mientrassolo(recogido)<20:
```

```
        intentar:
número, cuadrado=resultados.get(se acabó el tiempo=1)
recogido[num]=cuadrados
        excepto Vacío:
            continuar

    para En entrabajadores: w.join()
    imprimir(coleccionado)
```

Patrón 2: Tubería (Etapa 1 → Etapa 2)

pitón

```
#tubería.py
demultiprocesamientoimportarProceso, Cola

definiciónetapa 1(en_q,salida_q):
    para artículo eniter(in_q.obtener,Ninguno):
out_q.put(elemento**2)

definiciónetapa 2(en_q,salida_q):
    para artículo eniter(in_q.obtener,Ninguno):
out_q.put(F"Resultado: {artículo}")

si __nombre__ == "__principal__":
q1, q2=Cola(), Cola()

p1= Proceso(objetivo=etapa 1,argumentos=(q1, q2))
pág. 2= Proceso(objetivo=etapa 2,argumentos=(q2, Cola()))

p1.inicio(); p2.inicio()

    para i en rango(5):
q1.put(i)
q1.poner(Ninguno)

p1.unirse(); p2.unirse()
```

Práctica: Crear un sistema productor-consumidor para el procesamiento paralelo de datos

Vamos a construir una**procesador de registros en tiempo real**:

- **Productor**: Lee archivos de registro → envía líneas
- **Consumidores**: Buscar palabras clave → contar coincidencias
- **Coleccionista**: Resultados agregados

Estructura del proyecto

texto

```
procesador_de_registro/
├── registros/
│   ├── servidor1.log
│   ├── servidor2.log
│   └── ...
├── procesador.py
└── generar_registros.py
```

Paso 1: Generar registros de pruebas

pitón

```
# generar_registros.py
importar tú
importaraleatorio

os.makedirs("procesador_de_registros/registros",existe_ok=Verdadero)
```

```
palabras
clave=["ERROR","ADVERTENCIA","CRÍTICO","INFORMACIÓ
N","DEPURAR"]

para i en rango(5):
   con
abierto(F"procesador_de_registros/registros/servidor{i}.registro"
,"En")comof:
       para_en rango(1000):
          nivel =random.choice(palabras clave)
f.escribir(F"[{nivel}] Inicio de sesión de usuario desde
192.168.1.{aleatorio.aleatorio(1,255)}\norte")
```

Paso 2: procesador.py

pitón

```
# procesador.py
demultiprocesamientoimportarProceso, Cola, Administrador
de cola importar Vacío
importar tú
importar tiempo
decoleccionesimportardiccionario predeterminado

definiciónproductor(directorio_de_registro,cola de tareas):
   pararaíz, _, archivosenos.walk(directorio_de_registro):
       parafenarchivos:
          sif.termina con(".registro"):
             camino =os.path.join(raíz, f)
             con abierto(camino, 'r')como archivo:
                para línea en archivo:
task_queue.put((ruta, línea.tira()))
cola_de_tareas.put(Ninguno)# Fin de la señal

definiciónconsumidor(cola de
tareas,resultado_dict,id_del_trabajador):
recuento local=dictado predeterminado(entero)
   mientras Verdadero:
       intentar:
```

```
        artículo =cola_de_tareas.get(se acabó el tiempo=1)
        si artículo es Ninguno:
          romper
camino, línea= artículo
        parapalabra claveen["ERROR","CRÍTICO"]:
          sipalabra claveen línea:
local_count[palabra clave]+=1
      excepto Vacío:
        continuar

# Enviar resultados locales
  conresultado_dict.get_lock():
    parak, venrecuento_local.items():
resultado_dict[k]+=en

definicióncoleccionista(resultado_dict):
  mientras Verdadero:
    imprimir("Recuentos actuales:",dictado(resultado_dict))
tiempo.dormir(2)
    sisolo(dictado(resultado_dict))>0:# Esperar el primer
resultado
        romper

si __nombre__ == "__principal__":
  gerente = Gerente()
cola de tareas= Cola(tamaño máximo=1000)
resultado_dict=gerente.dict()

# Iniciar recopilador
coleccionista_p=
Proceso(objetivo=coleccionista,argumentos=(resultado_dict,))
coleccionista_p.start()

# Consumidores iniciales
num_trabajadores=os.cpu_count()
consumidores=[]
  para i en rango(num_trabajadores):
    pag =
Proceso(objetivo=consumidor,argumentos=(cola_de_tareas,
diccionario_de_resultados, i))
```

```
p.inicio()
consumidores.append(p)

# Iniciar productor
productor_p=
Proceso(objetivo=productor,argumentos=("procesador_de_regi
stros/registros", cola_de_tareas))
productor_p.start()

productor_p.join()

# Esperar todas las tareas
cola_de_tareas.join()

# Detener a los consumidores
   para_enconsumidores:
cola_de_tareas.put(Ninguno)
   para pag enconsumidores:
p.join()

colector_p.terminate()

   imprimir("\norteResultados finales:")
   parak, venordenado(result_dict.items()):
      imprimir(F"{k}:{en}")
```

Correr:

```
intento
pitóngenerar_registros.py
pitónprocesador.py
```

Salida de muestra:

```
texto
Recuentos actuales: {'ERROR': 412, 'CRITICAL': 198}
...
Resultados finales:
CRÍTICO: 987
```

ERROR: 2013

Escalas perfectascon núcleos de CPU.

Aplicaciones en el mundo real

Sistema	Patrón
Rastreador web	Productores → Cola de URL → Consumidores → Guardar
Codificador de vídeo	Dividir fotogramas → codificar → fusionar
Canalización de datos de ML	Cargar → preprocesar → entrenar
Análisis de registros	Ingerir → analizar → alertar
Procesamiento por lotes	Archivos → transformar → salida

Errores comunes que se deben evitar

Error	Arreglar
Envío de objetos no seleccionables	Solo enviar datos (diccionarios, listas, primitivos)

No hay tiempo de espera en get()	Utilice timeout=1 para evitar bloqueos
Olvidando task_done()	q.join() nunca regresa
Uso del Administrador para matrices grandes	Utilice memoria compartida
Bucles infinitos sin interrupción	No usar centinela

Resumen: Conclusiones clave

1. Usar **Tubo()**para padre-hijo,**Cola()**Para muchos a muchos.
2. **ColaUnible + tarea_realizada()**= seguimiento de finalización segura.
3. **Gerente()**para diccionarios/listas compartidos,**memoria compartida**para matrices.
4. **Manipular siempre el encurtido**— evitar lambdas, funciones locales.
5. **Utilice tiempos de espera**para evitar bloqueos.
6. **Píldora venenosa (Ninguna)**= apagado limpio.
7. **Patrón de coleccionista**= monitoreo en tiempo real.

Ejercicios de práctica

Ejercicio 1: Descargador de archivos paralelo

- Productor: Lista de 100 URL
- Consumidores: Descarguen y ahorren

- Utilice Queue + tqdm para el progreso

Ejercicio 2: Contador compartido con valor

pitón

```
demultiprocesamientoimportar Valor
encimera = Valor('i',0)
concontador.get_lock():
contador.valor+=1
```

- Contar números primos en paralelo
- Comparar con Manager.dict

Desafío: recuento de palabras distribuido

- Entrada: 100 archivos de texto
- Etapa 1: Dividir en palabras
- Etapa 2: Contar por palabra
- Usar **dos colas** y **Administrador compartido.dict()**
- Salida de las 10 palabras principales

Siguiente capítulo:Dominarás**sincronización avanzada**— bloqueos, semáforos y diseño seguro para subprocesos.

Ahora tienes**IPC robusto y escalable**Construyamos sistemas que nunca se bloqueen.

Capítulo 7

Técnicas avanzadas de subprocesamiento y multiprocesamiento

Grupos de subprocesos y procesos: patrones de ejecutores para tareas de alto volumen

Crear subprocesos o procesos manualmente es**propenso a errores** y **lento**para cientos de tareas.**futuros concurrentes**proporciona**quinielas**que gestionan a los trabajadores de forma automática.

Piscina	Usar	Módulo
Ejecutor del grupo de subprocesos	Limitado a E/S	futuros concurrentes
Ejecutor del grupo de procesos	Limitado por la CPU	futuros concurrentes

ThreadPoolExecutor – Hilos reutilizables

pitón

 # grupo_de_hilos.py

```
defuturos concurrentesimportarThreadPoolExecutor, como se
completó
importarsolicitudes
importar tiempo

definición buscar(URL):
   intentar:
      respuesta =solicitudes.get(url,se acabó el tiempo=5)
      devolverf"{URL}:{respuesta.código_de_estado}"
   excepto Excepción comoy:
      devolverf"{URL}: ERROR - {y}"

URL=[F"https://httpbin.org/delay/{i}" para i en[1,2,1,3]]

conEjecutor del grupo de subprocesos(trabajadores
máximos=4)comoalbacea:
# Opción 1: map()
   resultados = lista(ejecutor.map(obtener, urls))
   imprimir("mapa():", resultados)

# Opción 2: submit() + as_completed()
futuros=[ejecutor.submit(obtener, url)paraURLen[URL]
   para futuro enas_completed(futuros):
      imprimir("como_completado():", futuro.resultado())
```

Producción:

```
texto
mapa(): ['https://httpbin.org/delay/1:200', ...]
como_completado(): https://httpbin.org/delay/1: 200
...
```

max_workers = número de**hilos simultáneos**. Establecer en**10–50**para raspado web.

ProcessPoolExecutor – Procesos reutilizables

pitón

```
#proceso_pool.py
defuturos concurrentesimportarEjecutor del grupo de procesos
importar matemáticas

definiciónes_primo(norte):
   sien<=1:devolver FALSO
   para i en rango(2,entero(matemática.sqrt(n))+1):
      sien% i ==0:devolver FALSO
   devolver Verdadero

números=[112272535095293,112582735095293]*10

conEjecutor del grupo de procesos()comoalbacea:
   resultados = lista(ejecutor.map(is_prime, números))

imprimir(F"Primos:{suma(resultados)}")
```

No GIL— uso completo de la CPU.

---

as_completed() frente a map()

Método	Orden	Usar
mapa()	Igual que la entrada	Previsible
como_completado()	El más rápido primero	Retroalimentación en tiempo real

---

Primitivas de sincronización: bloqueos, semáforos, eventos y variables de condición

Bloqueo – Evitar condiciones de carrera

pitón

```
# lock_example.py
importarenhebrado

encimera =0
cerrar =subproceso.Lock()

definiciónincremento():
   global encimera
   para_en rango(100_000):
      con cerrar con llave:
         encimera +=1

hilos=[enhebrado.Hilo(objetivo=incremento)para_en rango(10)]
paraelenhilos: t.start()
paraelenhilos: t.join()

imprimir(F"Encimera: {encimera}")# 1.000.000
```

RLock – Cerradura reentrante

pitón

```
cerrar =subproceso.RLock()

definiciónexterior():
   con cerrar con llave:
      imprimir("Exterior")
      interno()
```

```
definición interno():
   con cerrar con llave:  # OK con RLock
      imprimir("Interno")
```

Semáforo: Limitar el acceso concurrente

pitón

```
# semáforo_ejemplo.py
importarenhebrado

como=subprocesamiento.Semáforo(3)# Solo 3 hilos a la vez

definicióntarea limitada():
   concomo:
      imprimir(F"{subproceso.current_thread().nombre} correr")
tiempo.dormir(2)

para i en rango(10):
enhebrado.Thread(objetivo=tarea
limitada,nombre=F"Yo{i}").comenzar()
```

> Uso para**limitación de velocidad**,**conexiones de base de datos**, o **Limitación de la API**.

Evento – Señal entre subprocesos

pitón

```
# evento_ejemplo.py
importarenhebrado
importar tiempo

evento =subprocesamiento.Evento()

definición mesero():
```

```
    imprimir("Espera...")
evento.esperar()# Bloques
    imprimir("¡Reanudado!")

definiciónseñales():
tiempo.dormir(3)
evento.set()# Desbloquear todo

enhebrado.Thread(objetivo=camarero).start()
enhebrado.Thread(objetivo=señales).start()
```

Condición – Esperar con predicado

pitón

```
# condición_ejemplo.py
importarenhebrado

condición =subproceso.Condición()
elementos =[]

definiciónproductor():
    con condición:
elementos.append("datos")
condición.notificar()# Despertar a un consumidor

definiciónconsumidor():
    con condición:
mientras no elementos:
condición.espera()#Esperar eficientemente
        imprimir("Consumado:", elementos.pop())

enhebrado.Thread(objetivo=consumidor).start()
tiempo.dormir(1)
enhebrado.Thread(objetivo=productor).start()
```

Enfoques híbridos: combinación de subprocesamiento con multiprocesamiento

Usar **subprocesos para E/S,procesos para CPU**.

```
pitón
# híbrido.py
defuturos concurrentesimportarEjecutor del grupo de
subprocesos, Ejecutor del grupo de procesos
importarsolicitudes
importarjson

definiciónpágina de búsqueda(URL):
   devolversolicitudes.get(url).json()

definiciónanalizar_datos(datos):
# Uso intensivo de la CPU
   devolversolo(json.dumps(datos))

definicióncanalización híbrida(URL):
   conEjecutor del grupo de subprocesos(trabajadores
máximos=10)comogrupo de subprocesos:
      conEjecutor del grupo de procesos()comogrupo de
procesos:
# Paso 1: Obtener en paralelo (E/S)
obtener futuros=[grupo de subprocesos.submit(página de
obtención, url)paraURLen[URL]

# Paso 2: Analizar en paralelo (CPU)
analizar_futuros=[]
         parafenobtener_futuros:
parse_futures.append(process_pool.submit(parse_data,
f.result()))

         devolver[f.resultado()parafenanalizar_futuros]
```

```
URL=[F"https://httpbin.org/json"]*20
resultados =canalización híbrida(URL)
imprimir(resultados)
```

Lo mejor de ambos mundos:E/S rápida + CPU completa.

Aplicaciones en el mundo real: Web Scraping con solicitudes concurrentes

Caso de uso: Extraer más de 1000 páginas de productos

pitón

```
# scraper_real.py
defuturos concurrentesimportarThreadPoolExecutor, como se
completó
importarsolicitudes
debs4importarSopa hermosa
importarcsv
importar tiempo

definiciónraspar_producto(URL):
  intentar:
encabezados={"Agente de usuario":"Mozilla/5.0"}
    respuesta
=solicitudes.get(url,encabezados=encabezados,se acabó el
tiempo=10)
    sopa =BeautifulSoup(respuesta.texto,'html.parser')

    título =sopa.find("h1").texto.tira()sisopa.find("h1")demás "N
/ A"
```

```
        precio
=sopa.find(clase_="precio")osopa.find("meta",propiedad="preci
o")
        precio =precio.texto.strip()si precio demás "N / A"

        devolver{"URL":URL,"título": título, "precio": precio}
    excepto Excepción comoy:
        devolver{"URL":URL,"error":cadena(y)}

definiciónguardar en csv(datos,Nombre del
archivo="productos.csv"):
    llaves = datos[0].llaves()
    con abierto(Nombre del archivo, 'En',nueva
línea='',codificación='utf-8')comof:
escritor=csv.DictWriter(f,nombres de campo=llaves)
escritor.writeheader()
escritor.writerows(datos)

# Simular 100 URL
URL=[F"https://httpbin.org/delay/1"]*100# Reemplazar con URL
reales

comenzar =tiempo.tiempo()
conEjecutor del grupo de subprocesos(trabajadores
máximos=20)comoalbacea:
futuros=[ejecutor.submit(scrape_product, url)paraURLen[URL]
    resultados =[]
    para futuro enas_completed(futuros):
resultados.append(futuro.resultado())

guardar_en_csv(resultados)
imprimir(F"Raspado{solo(resultados)}páginas
en{tiempo.tiempo()-comenzar:.2f}s")
```

Sitios reales:Agregar retrasos, rotar proxies, respetar robots.txt.

Práctica: desarrollo de un raspador web enhebrado que maneja más de 100 URL simultáneamente

Vamos a construir una**raspador robusto** con:

- Barra de progreso
- Lógica de reintento
- Exportación CSV
- Limitación de velocidad
- Manejo de errores

Estructura del proyecto

texto

```
raspador web/
├── scraper.py
├── urls.txt
└── salida/
```

---

urls.txt – Entrada

texto

```
https://httpbin.org/delay/1
https://httpbin.org/delay/2
https://httpbin.org/status/404
...
```

---

scraper.py

pitón

```
# scraper.py
defuturos concurrentesimportarThreadPoolExecutor, como se
completó
importarsolicitudes
debs4importarSopa hermosa
importarcsv
importar tiempo
importaraleatorio
detqdmimportartqdm
importar tú

# Configuración
MAX_TRABAJADORES=15
REINTENTOS=3
RANGO DE RETARDO=(0.5,2.0)# Retraso aleatorio entre
solicitudes
SALIDA_CSV="salida/resultados.csv"
os.makedirs("producción",existe_ok=Verdadero)

definiciónobtener_con_reintento(URL):
encabezados={
"Agente de usuario":"Mozilla/5.0 (Windows NT 10.0; Win64;
x64) AppleWebKit/537.36"
}
  para intentar en rango(REINTENTOS):
    intentar:
tiempo.sueño(aleatorio.uniforme(*RANGO DE RETARDO))#Se
respetuoso
      respuesta
=solicitudes.get(url,encabezados=encabezados,se acabó el
tiempo=10)
respuesta.raise_for_status()
      devolver respuesta
    excepto Excepción comoy:
      si intentar ==REINTENTOS-1:
        devolver Ninguno
tiempo.dormir(1)
  devolver Ninguno

definiciónURL de raspado(URL):
```

```
    respuesta =obtener_con_reintentar(url)
    si no respuesta:

devolver{"URL":URL,"estado":"FALLIDO","título":"","longitud_de
l_contenido":0}

    sopa =BeautifulSoup(respuesta.texto,'html.parser')
    título =sopa.find("título")
    título =título.texto.tira()si título demás"Sin título"

    devolver{
"URL":URL,
        "estado": respuesta.código_de_estado,
        "título": título,
"longitud_del_contenido":solo(respuesta.contenido)
}

definicióncargar_urls(Nombre del archivo="urls.txt"):
    con abierto(Nombre del archivo, 'r')comof:
        devolver[línea.tira()para línea enfsilínea.strip()]

definiciónguardar_resultados(resultados,Nombre del
archivo=SALIDA_CSV):
    si no resultados:
        devolver
    llaves = resultados[0].llaves()
    con abierto(Nombre del archivo, 'En',nueva
línea='',codificación='utf-8')comof:
escritor=csv.DictWriter(f,nombres de campo=llaves)
escritor.writeheader()
escritor.writerows(resultados)

definición principal():
URL=cargar_urls()
    imprimir(F"Raspando{solo(URL)}URL
con{MÁXIMO_TRABAJADORES}hilos...\norte")

    resultados =[]
    conEjecutor del grupo de subprocesos(trabajadores
máximos=MAX_TRABAJADORES)comoalbacea:
```

```
futuros={ejecutor.submit(scrape_url, url): urlparaURLenURL}

    para futuro
entqdm(como_completado(futuros),total=solo(URL),descripción
="Progreso"):
        resultado =futuro.resultado()
resultados.append(resultado)

guardar_resultados(resultados)
  imprimir(F"\norte¡Listo! Resultados guardados
en{CSV_DE_SALIDA}")

  # Resumen
  éxito = suma(1 paraoen resultados sir["estado"]==200)
  imprimir(F"Éxito: {éxito}/{solo(URL)}")

si __nombre__ == "__principal__":
# Generar ejemplo de urls.txt
  si noos.path.exists("urls.txt"):
    con abierto("urls.txt","En")comof:
      para i en rango(1,101):
        demora = (i %3)+1
        estado =200 si i %10!=0 demás404
f.escribir(F"https://httpbin.org/delay/{demora}\norte")
        si estado ==404:
f.escribir(F"https://httpbin.org/status/404\norte")

  principal()
```

Correr:

```
intento
pitónscraper.py
```

Producción:

```
texto
Raspando 110 URL con 15 hilos...
```

Progreso: 100%|██████████| 110/110 [00:45<00:00, 2,42 it/s]

¡Listo! Resultados guardados en output/results.csv
Éxito: 99/110

Características:

- Reintentar en caso de fallo
- Retraso aleatorio (cortesía)
- Barra de progreso
- Exportación CSV
- Registro de errores

Errores comunes que se deben evitar

Error	Arreglar
Demasiados hilos	Utilice entre 10 y 50 como máximo
Sin demora	Agregar tiempo.sueño(aleatorio)
No reintentar	Utilizar solicitudes con reintentos
Resultado de bloqueo()	Utilice as_completed()
Sin agente de usuario	Se bloquea

Raspar sin permiso	Revisar robots.txt

Aplicaciones en el mundo real

Proyecto	Técnica
Monitoreo de precios	Grupo de subprocesos + CSV
Auditoría SEO	Híbrido: buscar (hilo) → analizar (proceso)
Agregador de noticias	Grupo de subprocesos + base de datos
Sondeo de API	Semáforo + reintento
Rastreador de acciones	Evento + condición

Resumen: Conclusiones clave

1. Usar **Ejecutor del grupo de subprocesos**para E/S,**Ejecutor del grupo de procesos**para CPU.
2. como_completado() →**resultados en tiempo real**.
3. **Semáforo**= limitación de velocidad.
4. **Evento/Condición**= coordinación.
5. **Híbrido**= mejor rendimiento.
6. **Raspado web**necesidades: reintentar, retrasar, encabezados, progreso.
7. Siempre **guardar resultados intermedios**.

Ejercicios de práctica

Ejercicio 1: API Scraper con velocidad limitada

- Utilice Semaphore(5) para limitar 5 solicitudes/seg.
- API de GitHub para raspar: https://api.github.com/users/octocat
- Guardar datos de usuario

Ejercicio 2: Descargador de imágenes híbrido + redimensionador

- Grupo de subprocesos: descargar 100 imágenes
- Grupo de procesos: cambiar el tamaño a 800x600
- Guardar con _resized.jpg

Desafío: Monitoreo de precios de acciones en tiempo real

- Hilo 1: Obtener precios cada 5 segundos
- Hilo 2: Alerta si el cambio es > 5%
- Condición de uso para señalar
- Trazar gráficos en vivo con matplotlib

pitón

```
importarmatplotlib.pyplotcomoplt
plt.ion()# Modo interactivo
```

Siguiente capítulo Aprenderás**depuración, creación de perfiles y optimización**— cómo encontrar y solucionar cuellos de botella en código concurrente.

Ahora construyes**sistemas concurrentes de grado de producción**Hagámoslos rápidos y confiables.

Capítulo 8

Depuración, creación de perfiles y optimización: cómo hacer que su código sea a prueba de balas

---

Errores comunes: condiciones de carrera, bloqueos y fugas de recursos

La concurrencia introduce**no determinista**errores: su código puede funcionar 99 veces y luego fallar.

1. Condición de carrera

Dos subprocesos modifican datos compartidos sin sincronización.

pitón
```
# condición_de_carrera.py
importarenhebrado

balance =100
cerrar =subproceso.Lock()
```

```
definición depósito(cantidad):
   global balance
temperatura= balance
temperatura+= cantidad
   balance =temperatura# ← Corre aquí

definición retirar(cantidad):
   global balance
temperatura= balance
temperatura-= cantidad
   balance =temperatura# ← Corre aquí

hilos=[
enhebrado.Thread(objetivo=depósito,
argumentos=(50,))para_en rango(100)
]+[
enhebrado.Thread(objetivo=retirar, argumentos=(30,))para_en
rango(100)
]

paraelenhilos: t.start()
paraelenhilos: t.join()

imprimir(F"Saldo final:{balance}")# Esperado: 3000 → ¡a
menudo incorrecto!
```

Salida (varía):

```
texto
Saldo final: 2870
```

Arreglar:

```
pitón
definición depósito(cantidad):
   con cerrar con llave:
      global balance
      balance += cantidad
```

2. Punto muerto

Dos hilos se esperan uno al otro**para siempre**.

pitón
```
# interbloqueo.py
importarenhebrado

bloqueo1=subproceso.Lock()
bloqueo2=subproceso.Lock()

definiciónhilo_a():
   concerradura1:
      imprimir("A tiene cerradura1")
      concerradura2:# ← Espera a que B se libere
         imprimir("A tiene ambos")

definiciónhilo_b():
   concerradura2:
      imprimir("B tiene cerradura2")
      concerradura1:# ← Espera a que A se libere
         imprimir("B tiene ambos")

enhebrado.Thread(objetivo=hilo_a).start()
enhebrado.Thread(objetivo=hilo_b).start()
# → Se cuelga para siempre
```

Arreglar: Adquiera siempre cerraduras en**mismo orden**:

pitón
```
definiciónhilo_a():
   concerradura1:
      concerradura2:
...
definiciónhilo_b():
   concerradura1:# ← Mismo orden
      concerradura2:
```

...

---

3. Fuga de recursos

Olvidé unirme() o cerrar recursos.

pitón
```
# fuga.py
demultiprocesamientoimportar Proceso

definicióntrabajador():
    aprobar

para_en rango(1000):
    pag = Proceso(objetivo=obrero)
p.inicio()
# Olvidé p.join() → ¡1000 procesos zombies!
```

Arreglar:

pitón
```
p.join()# o p.terminate()
```

Herramientas de depuración: registro, seguimiento y visualizadores

1. Registro: mejor que imprimir()

```
pitón
# configuración_de_registro.py
importarregistro
importarenhebrado

registro.basicConfig(
   nivel=explotación florestal.DEPURAR,
formato='%(nombredelhilo)s-%(mensaje)s'
)

definicióntrabajador():
registro.debug("A partir de")
registro.info("Tratamiento...")
registro.debug("Hecho")

enhebrado.Thread(objetivo=trabajador,nombre="Trabajador-1")
.comenzar()
```

Producción:

```
texto
Trabajador-1 - Iniciando
Trabajador-1 - Procesando...
Trabajador-1 - Listo
```

Utilice DEBUG, INFO, ADVERTENCIA, ERROR, CRÍTICO.

---

2. Seguimientos en subprocesos

```
pitón
# hilo_de_traceback.py
importarenhebrado
importarrastreo

definicióncon errores():
   aumentarError de valor("¡Ups!")
```

```
definiciónenvoltura():
   intentar:
con errores()
   excepto Excepción:
registro.error("Hilo fallido",información exc=Verdadero)

enhebrado.Thread(objetivo=envoltura).start()
```

Producción:

```
texto
ERROR:root:Error del hilo
Rastreo (última llamada más reciente):
Archivo "...", línea X, en contenedor
con errores()
Archivo "...", línea Y, con errores
generar ValueError("¡Ups!")
ValueError: ¡Ups!
```

---

3. Depuradores visuales

- **PyCharm/VS Code**: Establecer puntos de interrupción en subprocesos
- **pdb en hilos**:

```
pitón
importarpdb; pdb.set_trace()# Pausa todos los hilos
```

Perfiles de rendimiento: medición de aceleraciones y cuellos de botella

1. time.perf_counter() – Temporizador de alta precisión

pitón

```
# timing.py
importar tiempo

comenzar =tiempo.perf_counter()
tiempo.dormir(1)
transcurrido=tiempo.perf_counter()- comenzar
imprimir(F"Transcurrido:{transcurrido:.4f}s")
```

---

2. cProfile – Perfiles a nivel de función

pitón

```
# perfil_ejemplo.py
importarcPerfil
demultiprocesamientoimportar Piscina

definición lento(norte):
    total =0
    para i en rango(norte):
        total += i **2
    devolver total

definición principal():
    con Piscina() como piscina:
pool.map(lento, [100000]*8)

cProfile.run('principal()')
```

Producción:

texto

```
800004 llamadas de función en 2,123 segundos
ncalls tottime por llamada cumtime por llamada nombre de
archivo:lineno(función)
8 2.120 0.265 2.120 0.265 {lento}
```

3. line_profiler – Línea por línea

Instalar:

intento
```
pepitainstalar line_profiler
```

Decorar:

pitón
```
@perfil
definición lento(norte):
   total =0
   para i en rango(norte):
      total += i **2# ← Línea directa
   devolver total
```

Correr:

intento
```
Kernprof-lscript.py
pitón-mscript de perfilador de línea.py.lprof
```

---

4. memory_profiler – Uso de memoria

pitón
```
# ejemplo_de_memoria.py
deperfilador de memoriaimportar perfil

@perfil
definicióncomer_memoria():
   devolver[0]*(10**7)

comer_memoria()
```

Producción:

texto
Línea # Uso de memoria Incremento Ocurrencias Contenido de la línea
==
=============
5 50,0 MiB 50,0 MiB 1 @perfil
6 def comer_memoria():
7 126,0 MiB 76,0 MiB 1 retorno [0] * (10 ** 7)

Consejos de optimización: reducción de gastos generales y escalabilidad a sistemas multinúcleo

Consejo	Ejemplo
Emparejar trabajadores con núcleos	trabajadores = os.cpu_count()
Utilice imap() en lugar de map()	Perezoso → menor memoria
Dividir tareas grandes	Dividir 1 millón de artículos en fragmentos de 1000 artículos
Evite las variables globales	Pasar datos a través de argumentos
Utilice memoria compartida	No copiar matrices grandes

Ejemplo de fragmentación

pitón

```
# fragmentación.py
demultiprocesamientoimportar Piscina
importar matemáticas

definiciónfragmento de proceso(pedazo):
    devolver suma(matemática.sqrt(x))paraxentrozo)

datos = lista(rango(1_000_000))
tamaño del fragmento=10_000
trozos=[datos[i:i+tamaño del fragmento]para i en
rango(0,solo(datos), tamaño_del_fragmento)]

con Piscina() como piscina:
    resultados =pool.map(process_chunk, fragmentos)
imprimir(suma(resultados))
```

Práctica: Depuración y optimización de una aplicación multiproceso defectuosa para duplicar su velocidad

Vamos a arreglar un**analizador de registros defectuosos del mundo real**.

Código defectuoso (faulty_analyzer.py)

pitón

```
# analizador_defectuoso.py
demultiprocesamientoimportar Piscina
importar re
importar tú
```

```
definicióncontar_errores(archivo de registro):
recuento de errores=0
   con abierto(archivo de registro)comof:
      para línea enf:
         si "ERROR" en línea:  # ← Búsqueda lenta de cadenas
recuento de errores+=1
   devolverrecuento de errores

si __nombre__ == "__principal__":
archivos de registro=[F"registros/aplicación{i}.registro" para i en
rango(100)]

   con Piscina(procesos=16)como piscina:  # ← ¡Demasiados!
      resultados =pool.map(contar_errores,
archivos_de_registro)

   imprimir(F"Errores totales:{suma(resultados)}")
```

Problemas:

1. Demasiados procesos (16 en 4 núcleos → superación)
2. "ERROR" lento en línea
3. Sin gestión de errores
4. Sin progreso
5. Alta memoria (100 archivos abiertos a la vez)

Paso 1: Perfilarlo

pitón

```
# Añadir al inicio
importarcPerfil
cProfile.run('__import__("analizador_defectuoso").main()')
```

Resultado:count_errors domina, pero**cambio de contexto**mata el rendimiento.

Paso 2: Versión optimizada (optimized_analyzer.py)

pitón

```
# analizador_optimizado.py
demultiprocesamientoimportarPool, recuento de CPU
importar re
importar tú
detqdmimportartqdm

# Precompilar expresiones regulares
ERROR_PATTERN=re.compilar(o"\bERROR\b")

definicióncontar_errores(archivo de registro):
  intentar:
    con abierto(archivo de
registro,'r',codificación='utf-8',errores='ignorar')comof:
      devolver suma(1 para línea
enfsiERROR_PATTERN.search(línea))
  excepto Excepción comoy:
    imprimir(F"Error de lectura{archivo de registro}:{y}")
    devolver0

definiciónmapa fragmentado(piscina,función,elementos,tamaño
de trozo=10):
"""imap con barra de progreso"""
  resultados =[]
  contqdm(total=solo(elementos), descripción="Procesando
registros")comobarra p:
    para resultado enpool.imap(func, elementos,tamaño de
trozo=tamaño del trozo):
resultados.append(resultado)
pbar.update(1)
  devolver resultados

definición principal():
os.makedirs("registros",existe_ok=Verdadero)
```

```
# Generar registros ficticios
  si noos.listdir("registros"):
    para i en rango(100):
      con
abierto(F"registros/aplicación{i}.registro","En")comof:
        parayoen rango(10000):
          nivel = "ERROR" siyo%10==0
demás"INFORMACIÓN"
f.escribir(F"[{nivel}] Evento {yo}\norte")

archivos de registro=[F"registros/aplicación{i}.registro" para i en
rango(100)]
trabajadores=recuento_de_cpu()
tamaño de trozo=máximo(1,solo(archivos de
registro)//(trabajadores*4))

  imprimir(F"Usando {trabajadores}trabajadores, tamaño del
trozo={tamaño de trozo}")

  con Piscina(procesos=trabajadores)como piscina:
    resultados =mapa_fragmentado(pool, contar_errores,
archivos_de_registro,tamaño de trozo=tamaño del trozo)

  total = suma(resultados)
  imprimir(F"\norteTotal de líneas de ERROR:{total}")

si __nombre__ == "__principal__":
  importar tiempo
  comenzar =tiempo.tiempo()
  principal()
  imprimir(F"Tiempo: {tiempo.tiempo()- comenzar:.2f}s")
```

Paso 3: Ejecutar y comparar

Versión	Tiempo	Aceleración

Defectuoso	~18,2 s	1.0x
Optimizado	~7,8 s	**2,3x**

Ganancias:

- **Expresión regular**→ 30% más rápido que en
- **Menos trabajadores**→ menos gastos generales
- **imap + tamaño de fragmento**→ menor memoria
- **Barra de progreso**→ usabilidad
- **Manejo de errores**→ robustez

Aplicaciones en el mundo real

Sistema	Herramienta
Servidor web	trabajadores gunicorn + uvicorn
Canalización de datos	Flujo de aire + multiprocesamiento
Entrenamiento de ML	Ray + perfilado
Servidor de juegos	Hilo por jugador + candado

Errores comunes que se deben evitar

Error	Arreglar
Demasiados trabajadores	Utilice cpu_count()
Encadenar líneas grandes	Usar expresiones regulares
Sin tamaño de trozo	Establecer len(datos) // (trabajadores * 4)
map() en datos enormes	Utilice imap()
Ignorando las excepciones	Envolver en try/except

Resumen: Conclusiones clave

1. **Carrera**→ usar Bloqueo**Punto muerto**→ mismo orden de bloqueo**Filtración**→ siempre unirse()
2. **Iniciar sesión con registro**, no imprimir
3. **Perfil con cProfile**, perfilador de línea, perfilador de memoria
4. **Optimizar**:
   - Emparejar trabajadores con núcleos
   - Utilice imap() + chunksize
   - Precompilar expresiones regulares
   - Manejar errores
5. **Se puede lograr una aceleración de 2x**con pequeños cambios.

Ejercicios de práctica

Ejercicio 1: Encuentra el punto muerto

Arregla este código:

pitón

```
bloqueo_a=subproceso.Lock()
bloqueo_b=subproceso.Lock()

definiciónfunción1():conbloqueo_a:conbloqueo_b:...
definiciónfunción2():conbloqueo_b:conbloqueo_a:...
```

Ejercicio 2: Perfilar un raspador

- Extraer 100 URL
- Utilice cProfile
- Encuentra la función más lenta
- Optimizarlo

Desafío: Grupo de escalado automático

- Monitorear el uso de la CPU con psutil
- Ajustar dinámicamente max_workers
- Agregar o eliminar trabajadores según la carga

pitón

```
importar psutil
```

```
sipsutil.cpu_percent()>80:
reducir_trabajadores()
```

Siguiente capítulo:Escribirás**código concurrente listo para producción**— mejores prácticas, pruebas, implementación.

Ahora tienes**A prueba de balas, rápido, depurable**Aplicaciones concurrentes. ¡Vamos a lanzarlo!

Capítulo 9

Mejores prácticas y próximos pasos: escribir código escalable y listo para producción

---

Principios de diseño para una concurrencia limpia y eficiente

La concurrencia es poderosa, pero**complejo**Sigue estos principios para mantener tu código**limpio**,**rápido**, y **mantenible**.

1. Prefiera herramientas de alto nivel

Malo	Bien
Hilo manual (objetivo=...)	Ejecutor del grupo de subprocesos
Proceso crudo	Ejecutor del grupo de procesos
cola.Cola en todas partes	futuros concurrentes

pitón

```
# Bueno: Alto nivel
conEjecutor de grupo de hilos()como piscina:
  resultados =pool.map(obtener, URL)
```

2. Minimizar el estado compartido

Variables compartidas →**condiciones de carrera**.

Regla: Pasar datos a través de argumentos, devolver resultados.

```
pitón
# Malo: Global
encimera =0
definición Cª():globalcontador; contador+=1

# Bueno: Función pura
definición Cª(encimera):devolver encimera +1
```

3. Falla rápido, registra con claridad

```
pitón
importarregistro
registro.basicConfig(nivel=explotación
florestal.INFORMACIÓN)

definicióndivisión segura(a,b):
   intentar:
      devolver a / b
   exceptoError de división cero:
registro.error("División por cero: a=%s, b=%s", a, b)
      devolver Ninguno
```

4. Utilice tiempos de espera en todas partes

```
pitón
# Cola
artículo =q.obtener(se acabó el tiempo=5)
```

```
# Solicitudes
solicitudes.get(url,se acabó el tiempo=10)

# Proceso de unión
p.unirse(se acabó el tiempo=30)
sip.está_vivo():
p.terminate()
```

---

5. Diseño para un apagado elegante

pitón

```
# apagado.py
importarseñal
importarenhebrado

detener_evento=subprocesamiento.Evento()

definiciónmanejador de señales(firmar,marco):
registro.info("Apagando...")
detener_evento.set()

señal.señal(señal.SEÑAL, manejador de señales)

mientras nodetener_evento.is_set():
tiempo.dormir(1)
```

Consideraciones de seguridad: código seguro para subprocesos y manejo de errores

Hilos seguros ≠ seguros

Los errores de concurrencia pueden ser**explotado**.

Ejemplo: TOCTOU (Hora de verificación a hora de uso)

pitón
```
# Vulnerable
sios.path.exists("/tmp/datos"):
    con abierto("/tmp/datos")comof:
        datos =f.leer()# ← ¡Archivo reemplazado!
```

Arreglar:

pitón
```
con abierto("/tmp/datos","r+")comof:
    datos =f.leer()# Atómico
```

Validación de entrada en trabajadores

pitón
```
definiciónimagen de proceso(camino):
    si noruta.terminacon(('.jpg','.png')):
        aumentarError de valor("Imagen no válida")
# Es seguro continuar
```

Límites de recursos

pitón
```
# Limitar la memoria por proceso
importarrecurso
recurso.setrlimit(recurso.RLIMIT_AS, (2**30,2**30))# 1 GB
```

Escalado vertical: integración con marcos (por ejemplo, Flask, Django)

Matraz + Gunicorn (Multiproceso)

intento

```
# Ejecutar con 4 trabajadores
gunicornaplicación:aplicación-w 4 -ksincronización
```

pitón

```
# aplicación.py
dematrazimportarMatraz
importarfuturos concurrentes

aplicación=Matraz(__nombre__)
albacea=concurrente.futures.ThreadPoolExecutor()

@app.ruta('/raspar')
definiciónraspar():
URL=["https://ejemplo.com"]*10
    conalbacea:
        resultados = lista(ejecutor.map(obtener, urls))
    devolver{"resultados": resultados}
```

Django + Celery (Tareas asincrónicas)

pitón

```
# tareas.py
de apio importartarea compartida
defuturos concurrentesimportarEjecutor del grupo de
subprocesos

@tarea_compartida
definiciónimágenes de proceso(rutas de imagen):
    conEjecutor de grupo de hilos()como piscina:
pool.map(cambiar_de_tamaño_de_la_imagen,
rutas_de_la_imagen)
```

pitón

```
# vistas.py
definición subir(pedido):
caminos=guardar_imagenes(solicitud.ARCHIVOS)
process_images.delay(rutas)# Descargar
```

```
devolverredirigir('éxito')
```

Preparación para el futuro: avances de AsyncIO y recursos comunitarios

AsyncIO – Concurrencia de bucles de eventos

pitón

```
#asyncio_basic.py
importarasincronía
importaraiohttp

definición asíncrona buscar(sesión,URL):
asíncrono consesión.get(url)comoresp:
regreso en esperaresp.text()

definición asíncrona principal():
asíncrono conaiohttp.ClientSession()como sesión:
    tareas
=[fetch(sesión,F"https://httpbin.org/delay/1")para_en rango(10)]
esperarasyncio.recopilar(*tareas)

asyncio.run(principal())
```

De un solo subproceso,E/S sin bloqueo→ 1000+ solicitudes/seg.

¿Cuándo utilizar qué?

Tarea	Herramienta
Raspado web	Ejecutor del grupo de subprocesos
Matemáticas de CPU	Ejecutor del grupo de procesos
Más de 1000 HTTP	asyncio + aiohttp
Trabajos en segundo plano	Apio

Recursos comunitarios

Recurso	Enlace
Documentación de Python	docs.python.org/3/library/concurrent
Python real	realpython.com/python-concurrency
Charlas de PyCon	Buscar "Concurrencia en Python"
GitHub	Python/cPython

Proyecto final: crear una aplicación completamente paralela (por ejemplo, un procesador de imágenes por lotes)

Vamos a construir**Flujo de imágenes**— un procesador de imágenes por lotes de nivel de producción.

Características

- Cambiar tamaño, convertir, marca de agua
- CLI + archivo de configuración
- Descarga con subprocesos + redimensionamiento con multiprocesamiento
- Barra de progreso
- Explotación florestal
- Resiliencia ante errores
- Informe de salida

Estructura del proyecto

texto

```
flujo de imágenes/
├── config.yaml
├── flujo de imagen.py
├── procesadores/
│   ├── descargador.py
│   ├── redimensionador.py
│   └── marca de agua.py
├── registros/
└── salida/
```

---

config.yaml

yaml

```yaml
URL de entrada:
-"https://picsum.photos/800/600"
-"https://picsum.photos/1200/900"
# ... 100 URL
```

```
directorio_de_salida:"producción"
tamaño objetivo:[800,600]
formato:"JPEG"
filigrana:"© 2025"
descargas máximas:20
cambios de tamaño máximos:4
```

---

procesadores/downloader.py

pitón

```
# procesadores/downloader.py
importarsolicitudes
defuturos concurrentesimportarThreadPoolExecutor, como se
completó
importar tú
detqdmimportartqdm

definicióndescargar_imagen(URL,directorio_de_salida):
  intentar:
os.makedirs(directorio_de_salida,existe_ok=Verdadero)
    Nombre del archivo =os.path.join(dir_de_salida,
url.split("/")[-1].dividir("?")[0]+".jpg")
    sios.path.exists(nombre de archivo):
      devolver Nombre del archivo, "SALTO"

    respuesta =solicitudes.get(url,se acabó el tiempo=10)
respuesta.raise_for_status()
    con abierto(Nombre del archivo, "bb")comof:
f.write(respuesta.contenido)
    devolver Nombre del archivo, "DESCARGADO"
  excepto Excepción comoy:
    devolverURL,F"ERROR: {y}"

definicióndescargar_todo(URL,directorio_de_salida,trabajadore
s máximos=20):
  resultados =[]
  conEjecutor del grupo de subprocesos(trabajadores
máximos=trabajadores máximos)comoalbacea:
```

```
futuros={ejecutor.submit(descargar_imagen, url,
directorio_de_salida): urlparaURLenURL}
      para futuro
entqdm(como_completado(futuros),total=solo(URL),descripción
="Descargando"):
resultados.append(futuro.resultado())
   devolver resultados
```

---

procesadores/resizer.py

pitón

```
# procesadores/resizer.py
dePIL importarImagen, ImageDraw, ImageFont
defuturos concurrentesimportarEjecutor del grupo de procesos
importar tú
detqdmimportartqdm

definicióncambio de tamaño y marca de agua(argumentos):
ruta_de_entrada, directorio_de_salida, tamaño, fmt, marca de
agua=argumentos
   intentar:
      conImagen.open(ruta_de_entrada)comoimagen:
imagen=img.resize(tamaño, Imagen.LANZOS)
         simarca de agua:
            dibujar =ImagenDraw.Draw(img)
fuente=ImageFont.load_default()
ancho del texto=dibujar.textlength(marca de
agua,fuente=fuente)
            posición =(img.ancho-ancho del texto-10, altura de la
imagen-30)
dibujar.texto(posición, marca de
agua,llenar=(255,255,255,128),fuente=fuente)

ruta_de_salida=os.path.join(dir_de_salida,
os.path.nombre_base(ruta_de_entrada))
ruta_de_salida=os.path.splitext(ruta_de_salida)[0]+f".{fmt.lower
()}"
img.save(ruta_de_salida, fmt)
```

```
    devolverruta_de_salida,"PROCESADO"
  excepto Excepción comoy:
    devolverruta_de_entrada,F"ERROR: {y}"

definiciónimágenes de
proceso(entradas,directorio_de_salida,tamaño,fmt,filigrana,trab
ajadores máximos=Ninguno):
  sitrabajadores máximoses Ninguno:
trabajadores máximos=os.cpu_count()

  tareas =[(ruta, directorio_de_salida, tamaño, fmt, marca de
agua)para camino, _ enentradassi"PROCESADO"no en_[1]]

  resultados =[]
  conEjecutor del grupo de procesos (trabajadores
máximos=trabajadores máximos)comoalbacea:
    para resultado
entqdm(ejecutor.map(resize_and_watermark,
tareas),total=solo(tareas), descripción="Tratamiento"):
resultados.append(resultado)
  devolver resultados
```

---

flujo de imagen.py

pitón

```
# flujo de imagen.py
importaryaml
importar tú
importarregistro
deprocesadores.downloaderimportardescargar_todo
deprocesadores.resizerimportarimágenes de proceso
defecha y horaimportarfecha y hora

registro.basicConfig(
  nivel=explotación florestal.INFORMACIÓN,
```

```
formato='%(tiempo de asc)s-%(nombre de
nivel)s-%(mensaje)s',
manipuladores=[
registro.FileHandler("registros/imageflow.log"),
registro.StreamHandler()
]
)

definicióncargar_configuración(camino="config.yaml"):
   con abierto(camino) comof:
      devolveryaml.safe_load(f)

definición principal():
hora de inicio=fecha y hora.ahora()
configuración=cargar_config()

os.makedirs(config['directorio_de_salida'],existe_ok=Verdadero
)
os.makedirs("registros",existe_ok=Verdadero)

registro.info("Iniciando ImageFlow")

# Paso 1: Descargar
resultados de descarga=descargar_todo(
configuración['URL de entrada'],
configuración['directorio_de_salida'],
trabajadores máximos=configuración['máximo_descargas']
)

# Paso 2: Proceso
resultados del proceso=imágenes_de_proceso(
resultados de descarga,
configuración['directorio_de_salida'],
tupla(configuración['tamaño objetivo']),
configuración['formato'],
configuración['filigrana'],
trabajadores máximos=configuración['max_resizes']
)

# Paso 3: Informe
```

```
    total =solo(configuración['URL de entrada'])
descargado= suma(1 para _, estado enresultados de
descargasi estado =="DESCARGADO")
procesado= suma(1 para _, estado enresultados del procesosi
estado =="PROCESADO")

    informe =f"""
Informe de ImageFlow
-{hora_de_inicio.strftime('%Y-%m-%d%H:%M:%S')}
==================================================
=
URL totales:{total}
Descargado:{descargado}
Procesado:{procesado}
Fallido:     {total -procesado}
Duración:   {(fecha y
hora.ahora()-tiempo_de_inicio).segundos_totales():.2f}s
Producción:     {os.path.abspath(config['directorio_de_salida'])}
"""
    imprimir(informe)
    con abierto("salida/informe.txt","En")comof:
f.write(informe)

registro.info("ImageFlow completado")

si __nombre__ == "__principal__":
    principal()
```

Ejecútalo

```
intento
# Generar configuración con 100 URL
pitón-c"
importar yaml, aleatorio
URL =
[f'https://picsum.photos/{random.randint(800,1200)}/{random.ra
ndint(600,900)}' para _ en rango(100)]
```

```
yaml.dump({'input_urls': urls, 'max_downloads': 20,
'max_resizes': 4, 'target_size': [800,600], 'format': 'JPEG',
'watermark': '© 2025', 'output_dir': 'output'},
open('config.yaml','w'))
"
```

pitónflujo de imagen.py

Producción:

texto

```
2025-04-05 10:00:01,234 - INFO - Iniciando ImageFlow
Descargando: 100%|[redacted]| 100/100 [00:12<00:00,
8.1it/s]
Procesando: 100%|[redacted]| 95/95 [00:08<00:00, 11,2
it/s]

Informe de ImageFlow - 05/04/2025 10:00:01
=====================================================
=
URL totales: 100
Descargado: 95
Procesados: 95
Fallidos: 5
Duración: 21,45 s
Salida: /ruta/a/salida
```

Práctica: Refactorización de un script secuencial en una versión concurrente de nivel de producción

Versión secuencial (sequential.py)

pitón

```
# secuencial.py
importarsolicitudes
dePIL importar Imagen
importar tiempo

definición proceso(URL):
resp=solicitudes.get(url)
imagen=Imagen.open(BytesIO(resp.contenido))
imagen=img.resize((800,600))
img.guardar(F"afuera/{url.split('/')[-1]}.jpg")

URL=[F"https://picsum.photos/1200/900?{i}" para i en
rango(50)]
paraURLenURL:
proceso(url)
```

Tiempo:~85 segundos

Versión concurrente (concurrent.py)

pitón

```
# concurrente.py
defuturos concurrentesimportarEjecutor del grupo de
subprocesos, Ejecutor del grupo de procesos, como se
completó
importarsolicitudes
dePIL importar Imagen
deesteimportarBytesIO
importar tú
detqdmimportartqdm

definición descargar(URL):
   intentar:
resp=solicitudes.get(url,se acabó el tiempo=10)
resp.raise_for_status()
      devolverURL, contenido respectivo
   excepto:
      devolverURL,Ninguno
```

```
definicióncambiar el tamaño(argumentos):
URL, datos=argumentos
   si no datos:
      devolverURL,"FALLIDO"
   intentar:
imagen=Imagen.open(BytesIO(datos)).resize((800,600))
      Nombre del archivo
=f'afuera/{url.split('/')[-1].dividir('?')[0]}.jpg"
img.save(nombre de archivo)
      devolverURL,"DE ACUERDO"
   excepto:
      devolverURL,"ERROR"

definición principal():
os.makedirs("afuera",existe_ok=Verdadero)
URL=[F"https://picsum.photos/1200/900?{i}" para i en
rango(50)]

# Descarga con hilo
   conEjecutor del grupo de subprocesos(trabajadores
máximos=20)comociudad:
descargar_futuros=[tp.submit(descargar, url)paraURLen[URL]
descargado=[f.resultado()parafencomo_completado(descargas
_futuras)]

# Cambio de tamaño multiproceso
   conEjecutor del grupo de procesos()comopáginas:
redimensionar_futuros=[pp.submit(cambiar tamaño,
elemento)para artículo en[descargado]
      resultados =[]

parafentqdm(como_completado(cambiar_el_tamaño_de_futuro
s),total=solo(URL)):
resultados.append(f.result())

   éxito = suma(1 para _, estado en resultados si estado ==
"DE ACUERDO")
   imprimir(F"Éxito: {éxito}/50")
```

```
si __nombre__ == "__principal__":
    importar tiempo
    comenzar =tiempo.tiempo()
    principal()
    imprimir(F"Tiempo: {tiempo.tiempo()-comenzar:.2f}s")
```

Tiempo:~18 segundos →**Aceleración de 4,7x**

Errores comunes que se deben evitar

Error	Arreglar
Sin configuración	Utilice yaml o argparse
Rutas codificadas	Usar ruta
Sin registro	Siempre inicie sesión en el archivo
No hay error al reintentar	Añadir lógica de reintento
Bloqueo del hilo principal	Utilice as_completed()

Resumen: Conclusiones clave

1. **Herramientas de alto nivel**→ menos errores
2. **No hay estado compartido**→ sin carreras
3. **Tiempos de espera + registro**→ resiliencia
4. **Flask/Django + trabajadores**→ escala web

5. **AsyncIO→** futuro de la E/S
6. **Piedra arquitectónica=** tubería completa
7. **Refactor=** 5x velocidad con estructura

Ejercicios de práctica

Ejercicio 1: Agregar reintento al descargador

- Reintentar 3 veces con retroceso exponencial
- Errores de registro

Ejercicio 2: Panel de control web

- La aplicación Flask muestra el progreso
- Utilice subprocesos. Evento + sondeo

Desafío: Flujo de imágenes distribuido

- Usar **Apio+Redis**
- Interfaz web para cargar URL
- Ver resultados en el navegador

Dominas la concurrencia de Python.

De los subprocesos a los procesos, de la depuración a la implementación: ahora construye**rápido, seguro, escalable**sistemas.

Ve y construye algo asombroso.

www.ingramcontent.com/pod-product-compliance
Lightning Source LLC
LaVergne TN
LVHW082231051026
849532LV00012B/3945